英語教師がおさえておきたい
音声・文法の基本

現代英語学入門

長尾純・宗宮喜代子【著】
伊佐地恒久【監修】

くろしお出版

まえがき
—なぜ音声と文法なのか—

グローバル化が進む現代社会において、英語教育に対する期待はこれまでにないほど大きくなっています。そのような状況下で、英語教員には高い英語力と指導力が求められています。文部科学省が2015年6月に発表した「生徒の英語力向上推進プラン」では、生徒の英語4技能が十分な水準に達していないという報告がなされ、これを向上させるために現在も諸々の取組みが進められています。その中には、英語教員の研修や、大学の教職課程におけるコアカリキュラムの開発が含まれています。2017年3月に文部科学省が提示したコアカリキュラムには、英語の音声と英文法に関する科目（「英語の音声の仕組み」「英語教育に関わる英文法」）の履修が含まれています。

本書では、学習者の4技能を十分な水準にまで高めるには、まず教員が文法を深く理解することが不可欠であると考えます。言語は暗号の体系のようなものです。文法を学び、暗号を解読してこそ、聞く・読む・話す（やり取り・発表）・書く、の4技能が可能になります。発展的な活動であるディスカッションやエッセイライティングにも十分に対応できるでしょう。文法の知識こそが、4技能とその先の技能を支える基盤であると言えます。ただし、文法の力が及ばない領域があります。それは発音です。文法的には完璧でも、英語らしい音声で発信できなければ相手に通じないかもしれません。文法と同じように、発音の仕組みは言語ごとに違っているため、特別に学ぶ必要があるのです。国際共通語としての英語の役割が増大している昨今、英語らしい発音、抑揚、リズムを知る重要性は増しています。このように、生徒の4技能を十分に高めるための教師の指導力を支えるのは、音声と文法の知識です。

以上のような考えから、本書では音声と文法のエッセンスを一冊にまとめるという、従来あまり見られなかった構成を取っています。Part I「発音」

では音声学のみでなく音韻論にも触れており、Part II「文法」では統語・意味論の観点から文法解説をする他に、文法以前の知識として語用論の知見を織り込んだり英語史を概観したりしています。全体として、プロの英語教員のための、現代英語学の入門書になっています。読者層としては英語教員の方々および英語教員を志望する大学生の方を念頭に置いていますが、広く英語に関心のある方に楽しんでもらえる内容になっていると思います。手元に置いて、どのページからでも読み進めていただきたいと願う次第です。

各章の概要としては、第 1 章と第 2 章で英語の子音と母音の発音の仕方を解説しました。第 3 章では 2 つ以上の音が連続する時に起きる微妙な音変化について述べ、第 4 章では、文など大きな単位を発音する時に留意するべき強勢、リズム、イントネーションについて解説しました。第 5 章では、音声学の知識を実践するために、英語の歌やドラマ、あるいはレシテーションを有効に活用する方法について提案しました。続く文法編では、第 6 章で文法以前に知っているべき知識について述べ、第 7 章で英文法の中核となる文型について解説しました。第 8 章～第 11 章では様々な品詞について、機能を中心に解説しました。最終章となる第 12 章では英語史の観点から、現代英語の特徴をいくつか選んで観察しました。また、本編のほかにコラムを 4 つ設けて、英語教員のための豆知識を提供しました。

以上、英語の what to teach のエッセンスを簡潔かつ網羅的に記述できたと思います。本書が英語教員の英語力と指導力の向上に役立ち、ひいてはすべての英語学習者の英語力の向上につながることを願ってやみません。

最後になりますが、発音モデルの作成ではピッツバーグ大学大学院生 Elizabeth Haley 氏の多大なるご協力を得ました。また、くろしお出版編集部の池上達昭氏と荻原典子氏には刊行に至るまでのすべての過程で御世話になりました。改めて深く感謝申し上げます。

2021 年 9 月　伊佐地恒久（監修）

目　次

Part 1で使用する音声については、実際の発音がわかるようにウェブサイト上に情報を掲載します。本書に関する情報も含めて次のサイトをご活用ください。

https://www.9640.jp/books_862/

Part I

発音

第1章　英語の子音

この章では、はじめに英語の発音を知るにあたって基本となる概念（有声音と無声音、母音と子音）を説明します。次に英語の子音について日本語と比較しながら解説します。私たち英語学習者が新たに学ばなければならない子音は何なのか、正確に発音するためにはどうすればいいのか述べます。

1.1　有声音と無声音

私たちの発する言語音はすべて、**有声音**と**無声音**に分けられます。喉に手を当てて zzzzz と発音すると、喉が携帯電話のバイブレーションのように震えます。これは、**声帯**という、喉にある発声するための器官が狭められて、肺からの空気が声帯を振動させて出ているからです。この時生じる音を有声音と言います。一方、喉に手を当てて sssss と発音しても喉は震えません。これは、声帯が大きく開かれており、肺からの空気が声帯の振動を伴わずに出ているからです。この時生じる音を無声音と言います。

有声音＝声帯が振動する音
無声音＝声帯が振動しない音

1.2　子音と母音

日本語の場合、**母音**とは「あ・い・う・え・お」の音を指し、**子音**はそれ以外の音を指します。それ以外といっても、「か・き・く・け・こ」や「さ・し・す・せ・そ」が子音ではありません。日本語の五十音をローマ字で表記すると、カ行であればka、ki、ku、ke、koとなります。ここではkの音が子音で、a、i、u、e、oの音が母音となります。子音と母音を定義すると次のようになります。

子音＝呼気が喉から唇までの間で妨害または干渉を受けた音
（例：/k/, /f/, /v/, /t/, /d/[1] など）
母音＝呼気が喉から唇までの間を全く妨害なしで通過した音
（例：/a/, /i/, /u/, /e/, /o/ など）

肺から体外に出る空気、つまり呼気が、口腔の中のどこかで摩擦を起こしたり、流れを一旦止められたりしながら出てくる音が子音です。ka、ki、ku、ke、koとゆっくり発音してみると、子音の/k/を発音する時に、空気の流れが一旦口腔の奥のほうで止められているのがわかります。そのような妨害または干渉を受けた音が子音というわけです。子音には有声音（声帯が振動する音）と無声音（声帯が振動しない音）の両方があります。

一方、母音は、口腔の中のどこかで摩擦などの障害を受けることなく出てくる音のことです。a、i、u、e、oとゆっくり発音してみると、どの音も、空気の流れが口腔の中で特に妨害を受けることなく、すんなりと口から出てきます。また、喉に手を当てて a、i、u、e、o と発音すれば、振動を感じられるはずです。基本的に母音はすべて有声音です。

1　スラッシュの意味は第 3 章を参照してください。

1.3 子音の種類

さて、日本人は/l/と/r/の聞き分け言い分けが苦手だという話は、誰しも聞いたことがあるのではないでしょうか。/l/と/r/以外にも、thの発音（/θ/または/ð/）がうまく発音できないだとか、英語の子音の難しさが話題に上ることがよくあります。それは必ずしも英語の子音が他言語よりも複雑だということではありません。英語には日本語に無い音があるからです。

それでは英語にはどのような子音があるのでしょうか。また、その中で、日本語を母語とする私たちが新たに学ばなくてはならない子音は一体どれくらいあるのでしょうか。まずは、調音器官、続いて英語の子音表を見てみましょう。

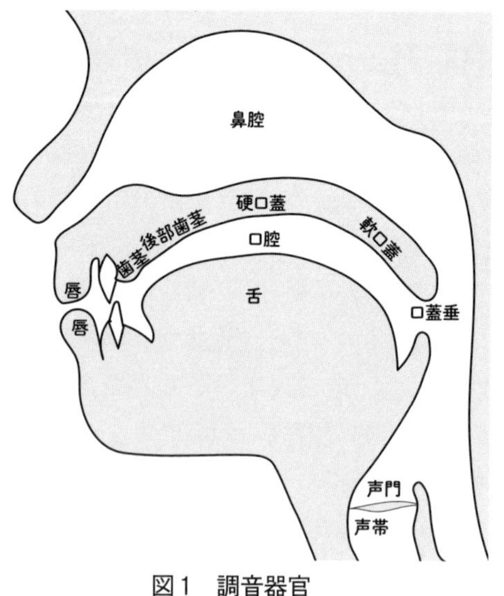

図1　調音器官

表1の一番上にある**調音位置**とは、口の中のどこで音が生じているかを表したものです。唇から始まり少しずつ後退し、喉の奥まで続いています。硬

口蓋や軟口蓋など、あまり聞き慣れない単語が出てきますが、図1を見ると、口の中のどのあたりで調音されるのか確認できます。表1の左端にある**調音様式**とは、舌や唇などの調音器官がどのような形や動きによって呼気を変化させ音を生じさせるかを表したものです。

表1　アメリカ英語の子音表[2]

		調音位置															
		両唇		唇歯		歯間		歯茎		後部歯茎		硬口蓋		軟口蓋		声門	
調音様式	閉鎖音	p	b					t	d					k	g	ʔ	
	摩擦音			f	v	θ	ð	s	z	ʃ	ʒ					h	
	破擦音									tʃ	dʒ						
	鼻音		m						n						ŋ		
	流音（側音）								l								
	流音(そり舌音)										r						
	わたり音		w										j		w		

※白が無声音・グレーが有声音

閉鎖音は呼気の流れを一旦閉鎖し、その後開放して発音されることから**破裂音**とも呼ばれています（例：/p/ pick, /t/ tell)。**摩擦音**は、呼気の通り道が狭められ、摩擦を起こして発音される音です（例：/s/ sick, /v/ very)。**破擦音**は、はじめに呼気の流れが一旦止められて破裂が起き、続いて摩擦が起きる音です（例：/tʃ/ chip, /dʒ/ jungle)。**鼻音**は呼気が鼻腔を通り鼻腔の共鳴を伴う音です（例：/n/ north, /m/ male)。**流音**とは、呼気が、舌、歯、唇などの調音器官によってあまり閉鎖されたり、狭められたりせずに、流れ出る音です。そのため、母音のように長く引き伸ばして発音できる音です。このうち**側音**というのは、舌の両脇、つまり「側」を呼気が流れる音です（例：/l/ lunch)。**そり舌音**というのは、後ろにそった舌の上を呼気が流れる音です（例：/r/ right)。**わたり音**は、**半母音**とも呼ばれ、発音される瞬間から次に来る母音に移行する音です（例：/w/ where, /j/ you)。

次に、日本語の子音を見てみましょう。英語の子音表と日本語の子音表を

[2] 英語の /w/ は両唇と軟口蓋で調音します。

見比べることで、私たち日本人がどの音がすでに習得できているのかわかります。また、英語を母語とする日本語学習者にとって日本語のどの音が難しいのかも推測できます。

表2 日本語の子音表

		調音位置																	
		両唇		唇歯		歯間		歯茎		後部歯茎		硬口蓋		軟口蓋		口蓋垂		声門	
調音様式	閉鎖音	p	b					t	d					k	g				
	摩擦音	ɸ						s	z	ʃ	ʒ	ç						h	
	破擦音							ts	dz	tʃ	dʒ								
	鼻音		m						n		ɳ		ɲ		ŋ		ɴ		
	弾音								ɾ										
	わたり音												j		w				

※白が無声音・グレーが有声音　(Tsujimura 1996: 16)

英語の子音表と比べてみると、日本語特有の子音がいくつかあるのがわかります。/ɸ/ などあまり見かけない記号もあります。英語を母語とする日本語学習者は、私たち日本人が英語の発音で苦労するのと同じように、日本語の発音に苦労するようです。ここでは、その例を少しだけ紹介します。

日本語には両唇で摩擦させる子音があります。ロウソクを吹き消す真似をしてみてください。すると、上唇と下唇の間から呼気が「フッ」と音を立てて漏れる音が出ます。これが「ふ」に使われる /ɸ/ という子音です。英語を母語とする日本語学習者の日本語を聞くと /f/ で代用されることが多いようです。

/ç/ は「ひ」に使われる子音です。舌を硬口蓋に近づけて調音する摩擦音ですが、この子音も英語を母語とする日本語学習者にとって少々厄介で、よく /h/ で代用されるのを耳にします。

また、英語の /r/ とは異なり[3]、日本語の「ら」行の場合は舌先を上の前歯

[3] アメリカ英語では、water が [wɔ́:ɾər]（ワラー）、little が [lɪ́ɾ(ə)ɫ]（リロー）になるなど、/t/ が強勢を持つ母音と強勢を持たない母音に挟まれる場合、日本語の弾音の /ɾ/ と同じ音で発音されます。

の裏の歯茎よりも若干後ろの部分を軽く弾いて発音されます。発音記号は/ɾ/で、**弾音**と呼ばれます。「ら・り・る・れ・ろ」とゆっくり発音すると、舌先が口の上の部分を弾いているのが感じられます。英語を母語とする日本語学習者は、この日本語の/ɾ/を英語の流音の/r/で発音してしまうことが多いようです。つまり舌先をどこにもつけずに後ろに反って発音するので、巻き舌の「ゥラ・ゥリ・ゥル・ゥレ・ゥロ」になってしまうわけです。

もう1つ、日本語の子音の中で、英語を母語とする日本語学習者にとって厄介なのが、日本語の「ん」の発音でしょう。「さん」や「よん」など、「ん」で終わる単語の場合、舌の奥が口蓋垂（いわゆる喉ちんこ）のあたりに触れて「ん」と発音されるのですが、英語母語話者、つまりネイティブスピーカーの場合は、これが歯茎に触れて「んな」と発音されることが多いです。

1.4　日本語に無い子音の発音方法

英語の子音表（表1）と日本語の子音表（表2）を見比べると、英語にあって日本語に無い音は、/f/, /v/, /θ/, /ð/, /l/, /r/, /ʔ/ということになります。/ʔ/（声門閉鎖音）はあまり見慣れない発音記号ではないでしょうか。これは、何か失敗して「あらら」という時に英語では、uh-oh（オッオー）と言いますが、このとき、喉の奥（声門）で呼気が一旦止められて生じる音です。また、相手の意見に同意しない時に、「いいえ」の意味で、uh-uh（アッア）と言いますが、これにも/ʔ/が使われています。/ʔ/は日本語の子音表には含まれていませんが、誰でも「あっあっあっ」と声門を閉鎖して母音を細切れにして言えますから、特に問題にしなくてもいいでしょう。

それでは残りの子音を１つ１つ見ていきましょう。

/f/（例：fit, food）

英語の子音表を見ると/f/は調音位置が唇歯で、調音様式が摩擦音、無声音となっています。上の前歯を下唇に軽く触れさせます。下唇を噛むというより軽く触れて息を出します。下唇の触れる位置は、上の前歯が一番届きやすい位置（唇の外側ではなく若干内側）にすると楽に発音できます。

/v/（例：van, voice）

/v/は、調音位置も調音様式も/f/と全く同じで、唇歯摩擦音です。違いは、有声音であるということだけなので、上の前歯を下唇に軽く触れさせ、「ウー」と声を出します。

/θ/（例：think, month）

調音位置が歯間で、調音様式が摩擦音、無声音です。歯間という言葉からもわかるように、上の前歯と下の前歯の間から舌先を少し出します。舌先を上下の歯で噛むというより、舌先で上の前歯の先端を軽く触り、息を出します。

/ð/（例：this, there）

/ð/は、調音位置も調音様式も/θ/と全く同じで、歯間の摩擦音です。違いは、有声音であるということだけです。舌先で上の前歯の先端を軽く触り、「ウー」と声を出します。

/l/（例：life, love）

調音位置が歯茎で、調音様式が流音（側音）です。舌の先を上の前歯の歯茎に突き立てて「ウー」と声を出します。日本語の「ら・り・る・れ・ろ」の/ɾ/よりも舌先の位置が前です。舌先をしっかりと前歯の歯茎にくっ付けた状態を保ちます。日本語の/ɾ/（弾音）とは違って、舌先をすぐに離さないのが大切です。

/r/（例：right, room）

調音位置が歯茎、調音様式が流音（そり舌音）です。舌の奥が上の両奥歯に軽く触れた状態で、舌先はどこにも触れずに後ろへそらせます。/r/が単語のはじめに来る場合は、唇を口笛を吹く時のように丸めて発音します。

1.5　日本語にある子音の発音方法

ここでは、日本語にも英語にもある子音のなかで、発音する際に注意が必要な子音について説明します。

/w/（例：wool, when）

/w/は日本語の子音表にもありますが、わ行の「わ」にしか/w/は存在しないので、英語で/a/以外の母音が続く時に注意が必要です。また、英語の子音表（表1）を見ると、調音位置が両唇・軟口蓋になっていることがわかります。/w/を発音する時は口笛を吹く時のように唇を丸めて発音するように心がけましょう。

/n/（例：afternoon）

/n/ は舌先を歯茎につけて発音します。特に/n/が語尾に来る時には意識的に舌先を歯茎につけて発音しましょう。moonを「ムーンナ」と言うように最後に「ナ」を加えると、自然と舌先を歯茎につけて/n/を発音できるようになります。

/s/と/ʃ/（例：seeとshe）

日本語にも/s/と/ʃ/の両方がありますが、英語できちんと使い分けるのは容易ではありません。日本語の「さ」をゆっくり発音すると、はじめにsssssという音が出ます。これが/s/の音です。次に日本語の「し」をゆっくり発音すると、はじめにshhhhhという音が出ます。これが/ʃ/の音です。子どもに静かにしてほしい時に、口に人差し指を当てて、「シー！」という時の音です。Disney Seaは日本語で「ディズニーシー」と表記して、/siː/（スィー）[4]ではなく、/ʃiː/（シー）と発音されます。日本語では、母音の/i/

4 Part I では、ところどころ英語の発音をカタカナで表しています。英語には日本語に無い音が多数存在しますので、カタカナでは英語の音を完全に再現することはできません。カタカナの表記は参考程度にとどめ、ダウンロード可能な音声ファイルをご利用ください。

が続く場合、元の英語が/si:/（スィー）であっても、/ʃi:/（シー）であっても、/ʃi:/（シー）になるのです。ですから、カタカナが「シ」の場合、元の英語が/s/なのか/ʃ/なのかを逐一確認する必要があります。Please take a seatのseatを誤って/ʃ/の音で発音してしまい下品な意味になってしまったという笑い話もあります。seatやseaの/si:/（スィー）を発音しようとしても、どうしても/ʃi:/（シー）になってしまうという人は、/si:/（スィー）を発音する時に、舌先を下の前歯の裏に軽くつけて発音してみてください。舌先を下の前歯の裏につけた状態で、/ʃi:/（シー）の音を出すのは、物理的に不可能ですので、自然と/si:/（スィー）の音が出ます。

また、当然ながらカタカナが「シー」となっているものを、何でもかんでも英語で/si:/（スィー）と発音すればいいというわけではありません。例えば、sheやmachineを誤って/si:/（スィー）で発音してしまう人もいますが、これはどちらも/ʃi:/（シー）と発音します。

/z/と/ʒ/（例：music と treasure）

/s/と/ʃ/の有声音である/z/と/ʒ/の使い分けも要注意です。/s/と/ʃ/と同様に、母音の/i/が続く場合は注意が必要です。例えば、musicは、日本語のカタカナ表記が「ミュージック」ですが、英語の発音は、/mjúːzɪk/（ミューズィック）となります。

/t/（例：tennis と tree）

英語の/t/は舌の先を歯茎につけて発音します。母音の/i/が続く場合、ticketが「チケット」と表記されるように、日本語では、元の英語が/ti/（ティ）であっても、カタカナ表記が/tʃi/（チ）になっている場合がありますので、注意が必要です。「チケット」は英語で、/tíkət/（ティケット）、「チップをはずむ」の「チップ」も、/tɪp/（ティップ）と発音します。さらに、treeが日本語だと「ツリー」に変わり、tunaが「ツナ」と変化して表記されるように、日本語は、母音の/u/が続く場合、/t/が/ts/に変わるという特徴があります。英語を話す際は/t/（トゥ）が/ts/（ツ）にならないように気をつけましょう。また、/t/ が単語の最初に来る場合、舌の先と歯茎で塞き止めた呼気を意識的に強く破裂させ強い気息を伴わせると、より英語らしい発音になります。

第2章　英語の母音

この章では、はじめに英語の母音の種類と特徴を述べた後に、それぞれの母音の発音方法を解説します。母音は、口の中でどのように調音されているのか、視覚的に確認しにくいのですが、日本語の母音と比べながら学べば、イメージしやすいです。モデルとなる音を何度も聞き、何度も口真似することで感覚を掴みましょう。

2.1　手本の1つとしての標準アメリカ英語

前章で見たように、**母音**とは、呼気が喉から唇までの間を全く妨害なしで通過した音のことです。日本語の母音は、/a/, /i/, /u/, /e/, /o/の5つなのに対し、英語の母音は単母音だけでもその2倍ほどあります。さらに、stayの/eɪ/など、同じ音節内にある連続した2つの母音、いわゆる二重母音を含めれば、その数はさらに増えます。私たち日本人が英語を話す際に、英語の母音すべてを日本語の母音で補おうとすると、ネイティブの発音とはかけ離れた「日本語っぽい」英語になってしまいます。

ところで、何をもって「ネイティブの発音」とするのかは難しいところです。英語は、アメリカ、イギリス、カナダ、オーストラリア、ニュージーランド、アイルランド等、多くの地域で母語として話されています。しかし、日本の小学校・中学校・高等学校で使用される教科書に付随するオーディオ教材では、アメリカのニュース報道などで用いられる**標準アメリカ英語**（Standard American English, SAE）が主に使用されています。英検やTOEICなどの英語技能試験でも、リスニングに出てくる英語はSAEが大部分を占めます。このような日本の現状を考えると、SAEを手本として学習することのメリットは多いです。そのことを考慮して、本書ではSAEを念頭において説明しています。

ネイティブスピーカーの発音の違いの例として、イギリスBBCのアナウンサーや王族の発音としても知られる**容認発音**（Received Pronunciation, RP）とSAEを比較してみると、母音では、例えばcan'tやhalfなどの母音をSAEでは/æ/、RPでは/ɑː/と発音します。また、hotやyachtなどの母音をSAEでは/ɑ/、RPでは/ɒ/（/ɑ/を唇を丸めて発音した音）と発音するという違いがあります。

子音は、その音が現れる環境によって違いが見られます。例えば、/t/などの閉鎖音が単語の末尾に来る場合、SAEでは破裂させずに終わることが多いですが（☞3.1）、RPでは語尾であっても語中であっても強く破裂させます。また、betterなど、母音で挟まれた/t/をSAEでは日本語のラ行の子音のような音に変化させて[bɛɾər][1]（ベラー）と発音し、RPでは/t/を強く破裂させて[bɛtʰə]（ベター）と発音します。hereはSAEでは[hɪər]ですが、RPでは/r/の音を母音の前以外の環境では発音せず、[hɪə]と発音します。girlも同様です。このような違いがあることから、SAEに比べてRPは「はっきり発音している」という印象を受ける人は少なくありません。

このような、単語の中で起きる現象については第3章で詳しく見るとして、この章ではSAEの母音について、日本語の母音との比較を交えて説明します。

2.2　母音の種類

母音は、口腔を開けた状態で発音され、また摩擦や破裂が起きるわけでは

[1] 角括弧[ ]は現実の音を表します。詳しくは第 3 章を見てください。

ないので、子音のようにピンポイントで調音位置を示すことができません。そのため、母音は、舌の最も高い箇所が口腔のどのあたりにあるかで分類します。

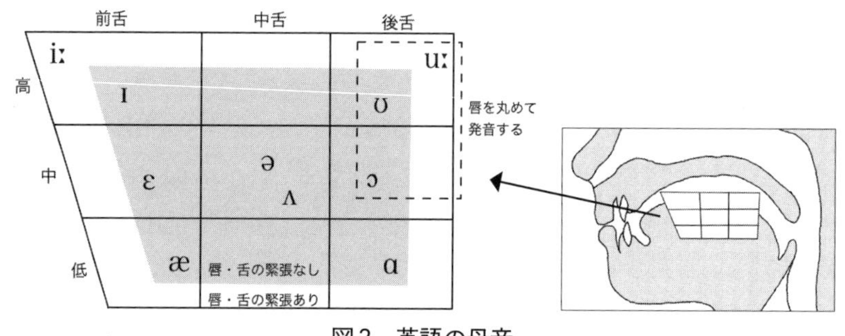

図2 英語の母音

/iː/ ------------------------------------eat /iːt/, feet /fiːt/

/ɪ/（辞書によっては/i/）-----------it /ɪt/, sit /sɪt/

/ɛ/（辞書によっては/e/） ----------set /sɛt/, when /wɛn/

/æ/------------------------------------bad /bæd/, ran /ræn/

/ə/ ------------------------------------away /əweɪ/

/ʌ/ ------------------------------------luck /lʌk/, duck /dʌk/

/uː/ -----------------------------------school /skuːl/, pool /puːl/

/ʊ/（辞書によっては/u/） ----------pull /pʊl/, put /pʊt/

/ɔ/ ------------------------------------dog /dɔg/

/ɑ/ ------------------------------------body /bɑdi/, box /bɑks/

初めに、図2の「高・中・低」と「前舌・中舌・後舌」を説明するために、日本語の母音を例に見ていきましょう。まずは、あごに手を当てて「い・え・い・え・い・え」と言ってみてください。あごが「え」の時に下に下がり、「い」の時に上がるのがわかります。図2の「高・中・低」は、**舌の最も高い部分が高い位置にあるのか、低い位置にあるのか**を表すのですが、舌はあごと一緒に上下しますので、舌だけではなく、あごの上がり具合、下がり具合といった調音様式が重要な要素になってきます。

続いて、あごに手を当てて「い・う・い・う・い・う」と言ってみてください。今度は、あごがほとんど動かない代わりに、舌と唇が動いています。唇の動きはここでは重要ではないので、舌の動きだけに意識を集中させて「い・う・い・う・い・う」と、もう一度言ってみてください。「い」と言う時は舌の前の部分が硬口蓋にかなり近いところにあることが感じられることでしょう。それに対して、「う」と言う時は、舌の前の部分は硬口蓋付近から離れ、舌の後ろの部分が軟口蓋のほうへ盛り上がっています。**舌のどの部分が盛り上がって発音されているか**を表すのが、図2の「前舌・中舌・後舌」です。例えば/ɑ/の発音であれば、あごは下がった状態で、舌の奥の部分、つまり「後舌」が舌の部位の中で相対的に高い位置を保って調音されます。/ɪ/であれば、あごは上がり、舌の前の部分、つまり「前舌」が硬口蓋のほうへ近づき、「前舌」が舌の他の部位よりも高い位置に上がってきます。よって、/ɑ/は「低・後舌」で発音され、/ɪ/は「高・前舌」で発音される、ということになります。

図の内側にある母音（/ɪ/, /ɛ/, /æ/, /ə/, /ʌ/, /ʊ/, /ɔ/, /ɑ/）は、舌と唇の筋肉を緊張させずに緩めた状態で発音されます。図の外側にある母音（/iː/, /uː/）は舌と唇の筋肉を緊張させた状態で発音されます。筋肉の緊張を伴わずに発音される母音は、発音の持続時間が短いため、**短母音**とも呼ばれます。反対に、筋肉の緊張を伴って発音される母音は、発音の持続時間が長いため、**長母音**とも呼ばれています[2]。そのため、/iː/と/ɪ/、または/uː/と/ʊ/には、単なる音の長さの違いしかないと誤解されがちです。実際には、長さだけではなく音自体も異なります。例えば、/iː/は唇を横に伸ばし、前舌を硬口蓋にかなり近づけて、舌と唇の筋肉を緊張させて発音します。一方、/ɪ/は、唇と舌の筋肉を緩めた状態で、前舌を硬口蓋にそれほど近づけずに発音します。そのため、/ɪ/は、日本語の「い」と「え」の中間のような音になりま

[2] 舌と唇の筋肉の緊張を伴って発音される母音は長く発音され、緊張を伴わない母音は短く発音される場合がほとんどですが、緊張がある母音でも強勢が置かれなければ短くなったり（例 easy /iːzi/ の2音節目）、緊張がない母音でも強勢が置かれると長くなったりする場合があります（例 brought /brɔːt/）。

す（個々の発音方法は、2.4で詳しく述べます）。

図2の点線で囲まれた母音（/uː/, /ʊ/, /ɔ/）は唇を丸めて発音します。それ以外の母音は唇を丸めずに発音します。例えば、school /skuːl/ の /uː/ であれば、唇を突き出して丸めて発音するのに対し、seal /siːl/ の /iː/ は、唇は丸めず横に広げて発音します。/uː/ とは違い、/ʊ/ と /ɔ/ は唇を緊張させずに軽く丸めるだけで大丈夫です。

2.3 二重母音

date /deɪt/ や、I /aɪ/、out /aʊt/ などに含まれる母音は、**二重母音**と呼ばれ、同じ音節内で1つの母音からもう1つの母音に移行します。例えば、I /aɪ/ を普段発音するスピードよりもかなり遅く発音してみてください。あごが徐々に上がっていき、舌の頂点が中舌から前舌へ移り変わって、/a/ から /ɪ/ に音が変化していくのが感じられるのではないでしょうか。

図3が示すように、例えば、boy /bɔɪ/ などに含まれる /ɔɪ/ という二重母音であれば、/ɔ/ から /ɪ/ へと移行して発音します。同じように、boat /boʊt/ の /oʊ/ であれば、/o/ から /ʊ/ へ移行して発音します。ちなみに、/eɪ/, /aɪ/, /aʊ/, /oʊ/ との中に /e/, /a/, /o/ という図2には無かった母音が含まれますが、これらは、二重母音を発音する時のみに出てくる音です。

英語には、基本的に /eɪ/, /aɪ/, /aʊ/, /ɔɪ/, /oʊ/ の5つの二重母音がありますが、その中で、私たち日本人が注意しなければならないのは、/eɪ/ と /oʊ/ の2つでしょう。例えば、英語の status /steɪtəs/ を、日本語で「ステータス」と言うからといって、英語を話す際でも /steːtəs/ と発音してしまわないように気をつけなければなりません。英語の boat /boʊt/ なども同じように、/boːt/（ボート）と発音してしまわないようにしましょう。

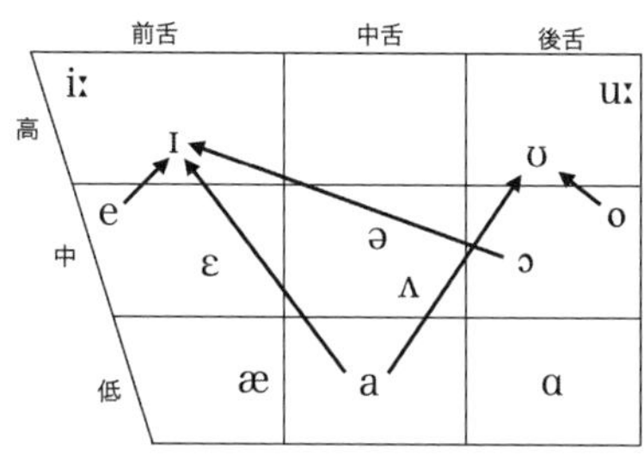

図3　英語の二重母音

2.4　日本語の母音との比較

ここでは日本人にとって発音が難しい母音を取り上げて、1つ1つ調音様式を解説します。

/iː/（例：eat, feet）

日本語の「い」よりも口を横にしっかりと広げて「いー」と発音します。唇の筋肉を緊張させ、音を長引かせます。アメリカでは、写真を撮る直前に、撮る側が Say cheese! と言って、撮られる側が、Cheese! と答えます。これは、cheese の発音に /iː/ が含まれており、口を横に広げて歯を見せて笑っているように発音されるからです。にこやかに笑っている様子をカメラに収めたい時に使われます。日本では、ご存知のとおり写真を撮る時に、「ハイ、チーズ」と言います。しかしながら、撮られる側は何も言いませんし、たとえ、そこで「チーズ」と言ったとしても、日本語の「い」の発音が、歯を見せて笑っているようには見えないので、笑顔を写すことはできないでしょう。

/ɪ/（例：it, sit）

日本語の「い」よりも、前舌を口蓋から離し、唇と舌をリラックスさせて発音します。日本語の「い」と「え」の中間の音を出すように発音します。

/ɛ/（例：set, when）

日本語の「え」よりも口をあまり開かずに、唇と舌をリラックスさせて発音します。

/æ/（例：bad, ran）

日本語の「あ」と「え」の中間の音を出すようにして、唇と舌をリラックスさせて発音します。

/ə/（例：away, today）

この母音は**シュワ**あるいは**曖昧母音**と呼ばれています。「曖昧」と名付けられることからもわかるように、ほとんど口を開けずに、唇と舌を完全にリラックスさせて、弱々しく短く「あ」と言います。英単語の中で強く発音されない母音、つまり強勢（アクセント）が置かれていない母音は、この/ə/になる場合がほとんどです（強勢については4.1で詳しく説明します）。この音を的確に使えるようになると、めりはりのある非常に英語らしい発音になります。

/ʌ/（例：luck, duck）

口をあまり開けずリラックスさせて、短く「あ」と言います。

/uː/（例：school, pool）

日本語の「う」と違って、唇を硬く丸め、突き出して「う」と言います。唇の筋肉を緊張させ、音を長引かせます。

/ʊ/（例：pull, put）

舌と唇をリラックスさせ、唇を軽く丸めて「う」と言います。若干「お」に近い音にします。

/ɔ/（例：dog, bought）

舌と唇をリラックスさせ、唇を軽く丸めて「お」と「あ」の中間の音を出します。

/ɑ/（例：body, box）

舌と唇をリラックスさせ、日本語の「あ」よりも若干、口を大きく開けて発音します。

第3章　音変化

第1章と第2章では、個々の音の調音位置と調音様式を中心に説明しました。この章では、個々の音が単語レベルあるいは文レベルで発音される時に、実際にはどのような音として発せられるのかを見ていきます。音素と異音をわかりやすく区別するため、音素を/　/で表記し、異音を[　]で表記します。音素とは何か、異音とは何かについては以下の文章の中で説明します。

3.1　音素と異音

英語の/t/は、単語または文のどこで現れるかにより音が変化します。例えば、次の3つの単語は/t/を含んでいますが、音の性質が若干異なります。英語のネイティブスピーカーに次の3つの単語を発音してもらう際に、顔の前に薄いティッシュを一枚置くと、ティッシュの揺れ動き方がそれぞれ違います。

top /tɑp/　　　　stop /stɑp/　　　　hot /hɑt/

topの/t/を発音する際には、ティッシュは激しくめくれ上がります。しかし、stopの/t/では、ティッシュは軽く揺らぐ程度です。さらに、hotの/t/を発音する際には、ティッシュはほとんど動きません。topの/t/で、ティッシュが激しくめくれ上がるのは、/t/が強い**帯気**を伴って発音されるからです。帯気とは、破裂の直後に強い息が口の外へ吐き出されることで、それによってティッシュがめくれ上がるのです。このような帯気音は、発音記号の横に小さなhを付けて[tʰ]と表記します。英語では、/t/などの閉鎖音が語頭にあり、最初の音節を強く発音する場合、その閉鎖音は帯気を伴って発音されます。

一方、stopの/t/ は、帯気をあまり伴わず発音されるので、topの時ほど、ティッシュが動きません。これは、/t/の前の/s/を発音する際にすでに息が外へ漏れているためです。この音は[t]と表記します。

3番目のhotの/t/は、帯気を伴わないばかりか、破裂さえ起きずに発音されることが多いです。この場合の/t/は、**無開放音**と呼ばれ、「ハット」ではなく「ハッ」という感じで、舌先は、/t/の音に備えて歯茎に密着し、気息が止められるものの、破裂が起こらずに発音されます。気息が止められたままのため/t/の音は聞こえません。発音記号の横に、かぎかっこのようなマークを付けて、[t˺]と表記します。英語では一般的に、単語の最後の音が、/t/などのような閉鎖音の場合、無開放になることがよくあります。

ところで、hotの/t/を[d]と発音したら、当然ながらhotとは認識されず、hod（れんが箱）という別の単語として認識されてしまいます。つまり、英語において、/t/と/d/は、それぞれ意味を変える弁別的な音と言えます。このように語の意味を区別する働きを持った音の単位を**音素**と言います。では、hotの/t/を、帯気を伴う[tʰ]で発音したら、別の単語として認識されるのでしょうか。おそらく聞き手は、「随分とはっきりと発音する人だな」とか「他の地域から来た人なのかな」などと、ある程度違和感を覚えることでしょう。しかし、hot、つまり「あつい」という意味は、誤解なく伝わるでしょう。同じように、topの/t/を、帯気を伴わずに発音しても、「英語のネイティブスピーカーではないのだろう」という印象を与えるかもしれませんが、topという単語は認識してくれるでしょう。

hotの/t/をたとえ[tʰ]と発音しても、[t]と発音しても、あるいは[t˺] と発音しても、hotの意味は変わりません。このように、意味の変化には影響しない音を**異音**と言います。[tʰ]、[t]、[t˺]は、どれも音素/t/の異音です。どの異音が選ばれるかは、音素が実際に、単語あるいは文のどこに現れるかによって決まります。つまり、音素が話者の意識の中に存在する抽象的な心理的実在であるのに対して、異音は音素が実際に発音される時の現実の音であると言えます。

英語の/t/という音素は、実は [tʰ]、[t]、[t˺] だけではなく、さらに別の異音を持っています。

water /wɔːtər/　　　　　　mountain /maʊnt(ə)n/

アメリカ人のwaterの発音は、「ワーター」というより「ワラー」に聞こえます。これは、/t/が強勢を持つ母音と持たない母音に挟まれる場合、弾音の[ɾ]で発音され、[wɔːɾər]（ワラー）となるからです。mountainは、「マウンテン」というより「マウンッン」と発音されます。これは、語尾の/n/の前では/t/が、喉の奥（声門）で気息が一旦止められて生じる音、つまり[ʔ]に変わるからです。よって、mountainは実際には、[maʊnʔn]（マウンッン）と発音されます。

英語の/t/の発音が、単語または文のどこで現れるか、つまり/t/の出現する環境によって、様々に変異するということがわかりました。英語の/t/は次のようにまとめることができます。

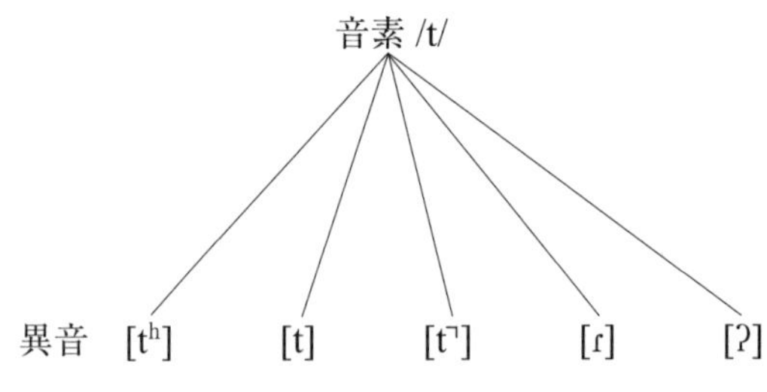

図1　音素 /t/ とその異音

前に触れたとおり、英語では[t]の代わりに[tʰ]と発音したところで、なんら意味の変化は起こりません。日本語においては、[tʰ]はもともと存在しませんが、多くの日本人ポップシンガーが日本語の歌詞であっても/t/を[tʰ]と発音して歌うことはよくあります。しかし、たとえ[aitai]でなく[aitʰai]と発音しても「会いたい」と認識され、意味が変わることはありません。つまり、英語と日本語においては、[t]も[tʰ]も/t/の異音なのです。

しかしながら、どの音が音素でどの音が異音かというのは、言語によって異なります。例えば、韓国語では、閉鎖音に帯気が伴っているか否かで語の意味が変わるため、/t/と/tʰ/は異なる音素ということになります。英語であれば、seeの/s/を[s]ではなく[ʃ]と発音すれば、それはsheと認識されます。つまり/s/と/ʃ/は、意味変化をもたらす異なる音素ということになります。ところが、日本語では、その２つの音に意味的な区別をする働きがないため、例えば「仕事」を[ʃigoto]（シゴト）と発音しても、[sigoto]（スィゴト）と発音しても、[sigoto]のほうは「妙な発音をするな」と思われるにせよ、「仕事」と認識されるでしょう。日本語では、[s]と[ʃ]は/s/の異音です。基本的に、[ʃ]は、音素/s/の次に/i/という母音が来る時に現れ、[s]は、音素/s/の次にそれ以外の母音が来る時に現れます。最近では、「スィンガー」（singer）、「スィステム」（system）など、英語を語源とする外来語を発音する際は、元の音が[s]であれば、日本語でも、たとえ次にくる母音が/i/であっても[s]と発音する人もいるようです。

◉ 過去形の -ed

英語の規則動詞を過去形にする際、動詞の原形に-edを加えますが、この-edの/d/という音素[1]は、環境によって[d]、[t]、[ɪd]（あるいは[əd][2]）という異音になります。それでは、-edがどのような環境で[d]、[t]、[ɪd]となるのか考えてみましょう。この際、綴りに惑わされずに、音のみを考慮することが重要です。直前の音に注目することで自然に答えが見えてきます。

---

1 一般的に、-edと-sの音素は各々、/d/、/z/であるとされており、本書でもそれを前提にして説明します。

2 標準アメリカ英語の場合、-edの発音記号は[əd]と書き表すほうがより正確ですが、本書では一般的な辞書に準じて[ɪd]と書き表します。

▶ **-edが[d]と発音される例**

arrived	[əraɪv**d**]	jogged	[dʒɑg**d**]	showed	[ʃoʊ**d**]
called	[kɔːl**d**]	judged	[dʒʌdʒ**d**]		
closed	[kloʊz**d**]	smiled	[smaɪl**d**]		

▶ **-edが[t]と発音される例**

asked	[æsk**t**]	kissed	[kɪs**t**]	worked	[wəːrk**t**]
finished	[fɪnɪʃ**t**]	watched	[wɑtʃ**t**]		

▶ **-edが[ɪd]と発音される例**

counted	[kaʊnt**ɪd**]	landed	[lænd**ɪd**]
decided	[dɪsaɪd**ɪd**]	waited	[weɪt**ɪd**]

上の例であれば、-edが[d]と発音される時の直前の音は、[v]、[l]、[z]、[g]、[dʒ]、[oʊ] です。子音も母音も含まれているので一見ランダムにも見えますが、これらの音に共通する特徴は、有声音（声帯が振動する音）であるということです。次に、-edが[t]と発音される時の直前の音は、[k]、[ʃ]、[s]、[tʃ] です。これらの音に共通する特徴は、無声音（声帯が振動しない音）であるということです。最後に、-edが[ɪd]と発音される場合ですが、これは直前の音が、[t]と[d]の２つのみです。

つまり、-ed /d/は、[d]以外の有声音の後では [d]と発音され、[t]以外の無声音の後では[t]、そして[d]または[t]の後では[ɪd]と発音されるということがわかります。

では、なぜこのような音変化が起こるのでしょうか。答えは「言いやすさ（あるいは伝わりやすさ）」にあると考えられます。例えば、decided [dɪsaɪdɪd]の[dɪd]を[dd]と発音してみてください。なんとなく言いにくく、聞き手もわかりづらいことでしょう。母音を間に入れることで、閉鎖音が連続するのを避け、より言いやすくしているのです。-ed /d/が、無声音の後では[t]と発音されるのも、やはり言いやすさからくるものでしょう。試しに

finishedを[fɪnɪʃ**t**]と[fɪnɪʃ**d**]の両方で発音して、どちらがより言いやすいか比べてみてください。おそらく[fɪnɪʃ**t**]のほうが言いやすいと感じることでしょう。直前の音が無声音の場合、続く-ed /d/も無声音化すれば、一度振動を止めた声帯をもう一度振動させる手間が省けるというわけです。

◉ 一般動詞三単現と複数の -s

初学者にとって、英語の発音で、過去形の-edと同じくらい厄介なのが、3人称単数現在いわゆる三単現の-sと複数を表す-sの発音ではないでしょうか。-edと同様に、-sも、現れる環境によって発音が異なります。それでは、どのような環境で-sの/z/という音素が[z]、[s]、[ɪz]（あるいは[əz]）と発音されるのか考えてみましょう。

▶ -s /z/ が [z] と発音される例

arrives	[əraɪv**z**]	jogs	[ʤɑg**z**]	stays	[steɪ**z**]
calls	[kɔːl**z**]	replies	[riplaɪ**z**]	studies	[stʌdi**z**]
comes	[kʌm**z**]	sees	[siː**z**]		
goes	[goʊ**z**]	smiles	[smaɪl**z**]		

▶ -s /z/ が [s] と発音される例

asks	[æsk**s**]	sleeps	[sliːp**s**]
laughs	[læf**s**]	takes	[teɪk**s**]

▶ -s /z/ が [ɪz] と発音される例

arranges	[əreɪn(d)ʒ**ɪz**]	finishes	[fɪnɪʃ**ɪz**]	washes	[wɑʃ**ɪz**]
catches	[kætʃ**ɪz**]	judges	[ʤʌʤ**ɪz**]		
closes	[kloʊz**ɪz**]	kisses	[kɪs**ɪz**]		

上の例では、-s が[z]と発音される環境は、直前の音が [v]、[l]、[m]、[oʊ]、[g]、[aɪ]、[iː]、[eɪ]、[i] です。子音だけでなく母音も含みますが、これ

らの音に共通する特徴は、有声音であるということです。次に、-s が[s]と発音される直前の音は、[k]、[f]、[p]です。これらの音に共通する特徴は、無声音であるということです。最後に、-s が[ɪz]と発音される環境ですが、これは、上の例を見ると、直前の音が[s]、[z]、[ʃ]、[tʃ]、[ʒ]、[dʒ]となっています。これらの音は、歯茎あるいは後部歯茎で発音される摩擦音あるいは破擦音で、これらをまとめて**歯擦音**と呼ぶこともあります。発音すると「スー、ズー、シュー、チュー、ジュー」というように、まるでガスが漏れるような音なので、英語ではhissing sound（シューっという音）とも呼びます。

まとめると、三単現の-sと複数を表す-sは、[s, z, ʃ, tʃ, ʒ, dʒ]といった歯擦音の後では、[ɪz]と発音され、それ以外の有声音の後では [z]、それ以外の無声音の後では[s]と発音されます。

このように-s /z/が環境によって音変化するのも、やはり「言いやすさ・伝わりやすさ」が関係しています。/z/自体が歯擦音ですから、前の音も歯擦音の場合、とにかく言いづらく、聴き取りづらいのです。例えば、closesを[kloʊzɪz]でなく、[kloʊzz]と発音したらどうでしょうか。これでは言いにくいだけではなく、聞き手もclosesなのか単なるcloseなのか識別しにくいことでしょう。間に母音を入れることで、似通った子音が連続するのを避け、より言いやすく、伝わりやすくしているのです。

3.2 同化

先に、規則動詞の過去形の-ed /d/は、直前にある音が[t]以外の無声音である場合は、[t]と発音されると述べました。それは、直前にある音の無声音という特徴が、後に続く音に影響を与え、/d/が[t]と発音された、つまり有声音[d]であるべき音が無声音へと変化したということになります。このように一方の音が他方の音に影響を与え、より近い音になる過程を**同化**と言います。同化は、音変化がどちらの方向から影響を受けて起きているかによって融合同化、進行同化、逆行同化の3つに分類されます。では、基本的な文を使ってそれぞれの同化の例を見ていきましょう。

◉ 融合同化

(1)　A: Hi, Sara. Nice to meet you.
　　　B: Nice to meet you, too.

meet youは、一般的に[miːtjuː]（ミートユー）とは発音せず、tの音をのみ込んで、[miːt̚juː]（ミーッユー）、または、[miːtʃuː]（ミーチュー）と発音します。この[miːtʃuː]（ミーチュー）に出てくる[tʃ]という音は、/t/とその後に続く/j/とが融合してできた音です。このように2つの音がお互いに影響しあって融合する同化を**融合同化**と言います。本来、/t/は歯茎で発音される音ですが、ここでは硬口蓋で発音される/j/が続くために、/t/の調音位置が硬口蓋により近い位置である後部歯茎へ移動し、音変化が起きています。このような融合同化を**硬口蓋化**と言います。

硬口蓋化の例は、他にもいくつかあります。

(2)　Did you have breakfast this morning?

(3)　Have you finished yet?

普段の会話において、Did youは、特に強調して発音されない限り、[dɪdju]（ディドゥユ）ではなく[dɪdʒu]（ディジュ）と発音されます。これも、/d/と/j/が融合して、[dj]が[dʒ]という後部歯茎破擦音に変化したものです。

同様に、finished yetも、finishedの/t/とyetの/j/が融合して[tʃ]になり、[fɪnɪʃtʃet̚]（フィニッシチェ）となります。他にもas you [əzju]が[əʒu]（アジュ）になったり、this year [ðɪsjɪər]が[ðɪʃɪər]（ディシア）になるなど、/j/で始まる単語が続くことで起こる硬口蓋化の例はあちらこちらで見ることができます。

◉ 進行同化

過去形の -ed /d/ が、前に置かれた無声音の影響を受け、[t] と発音される場合のように、進行方向、つまり左の音が右の音に影響を与える同化を**進行同化**と言います。進行同化には、他に次のような例があります。

(4) It's on the house.

(5) The door is open.

「店のおごりです」という意味のIt's on the houseですが、速く発音される際のon theは、[ɔnðə]ではなく[ɔnnə]と発音されます。onの/n/が、次に来るtheの/ð/に影響を与えて、[ð] が[n]に変化しています。(5) ではopenの/n/が[m]と発音されることがあります。これは、両唇で調音されるopenの/p/が、歯茎で調音される/n/に影響を与え、/n/の調音位置が歯茎から両唇に移るためです。

◉ 逆行同化

最後に、進行方向とは逆に、右の音が左の音に影響を及ぼし、左の音が変化する同化を**逆行同化**と言います。それでは、いくつか逆行同化の例を見てみましょう。

(6) Of course, you can have it.

(7) I have to go home now.

Of courseがなぜ[əvkɔːrs]（オヴコース）ではなく、[əfkɔːrs]（オフコース）と発音されるのだろうと疑問に思ったことはないでしょうか。実は、逆行同化が起きているのです。(6) では、courseの/k/が、その前に来るofの/v/に影響を与えてこれを無声音化しています。同じように、(7) でhave toが[hævtə]（ハヴタ）ではなく[hæftə]（ハフタ）と発音されるのも、toの/t/が、haveの/v/に影響を与えて/v/を無声音化しているからです。

have toはhaveとtoが2つ揃って「～しなくてはならない」という意味を表します。そのため、haveとtoを必ずつなげて発するので、常に同化が起き、/v/を[f]と発音する習わしが定着しました。それとは対照的に、例えば、I have two ticketsという文を一単語ずつゆっくり発してみると、haveとtwoの間に意味上の区切りがあり、ポーズを入れることができるので、haveの/v/は[v]と発音されます。ただし、I have two ticketsを速く言うと、個人差はあるかもしれませんが、逆行同化が起き、haveが[f]で発音されることもあります。

次も逆行同化の例です。

(8)　Is she famous?

Is sheを速く言うと、[ɪzʃiː]（イズシー）が[ɪʃʃiː]（イッシー）に変化します。ここでも後ろにある音がその前の音に影響を与えています。つまり、sheの/ʃ/が、isの/z/に作用し、[z]を[ʃ]に変化させたのです。このような音変化に聞き慣れているか、いないかで、会話が円滑に進むかどうかが決まってきます。

ちなみに、Is sheで[z]が[ʃ]に変化するような、影響を受けた音が影響を与えた音と全く同じになることを、**完全同化**と言います。また、Of courseのように、courseの/k/の影響で、ofの/v/が無声音の[f]になるというように、影響を受けた音が、影響を与えた音の特徴の一部と同化することを**不完全同化**と言います。

3.3　連結

英文が速く発せられるとき、前の語の語末の子音と次の語の語頭の母音とがつながって発音されることがあります。これを**連結**と言います。前と後ろの音がつながってまるで1つの語のように聞こえます。簡単な英文でも、速く話されると急に聴き取りが困難になるのは、この連結が関係しています。いくつか例を見てみましょう。

look at [lʊk][æt]（ルクアット）→ [lʊkæt]（ルカット）
give up [gɪv][ʌp]（ギヴアップ）→ [gɪvʌp]（ギヴァップ）
come on [kʌm][ɔn]（カムオン）→ [kʌmɔn]（カモン）
there is [ðeər][ɪz]（デアイズ）→ [ðeərɪz]（デアリズ）
an orange [ən][ɔːrɪn(d)ʒ]（アンオーリンジ）
→ [ənɔːrɪn(d)ʒ]（アノーリンジ）
turn off [təːrn][ɔf]（トゥーンオフ）→ [təːrnɔf]（トゥーノフ）
has a [hæz][ə]（ヘァズア）→ [hæzə]（ヘァザ）

よく耳にするnot at allはこうなります。

not at all [nɑt][ət][ɔːl]（ナットアットオー）→ [nɑɾəɾɔːl]（ナラロー）
あるいは[nɑdədɔːl]（ナダドー）

not at allは、2つの[t]が母音と母音に挟まれて、弾音の[ɾ]に変化し「ナラロー」になっていますが、それ以外の例は、ただ単に音がつながっているだけで、音変化は起きていません。英語を話す時に、これらの連結を意識して話すことで、日本人学習者の話す英語がよりなめらかに聞こえるだけでなく、リスニング力もアップすることでしょう。

よくある音と珍しい音

—音韻対立の普遍性と階層性—

ここまでで、日本語に比べて英語は音素の数が多いことを見ました（☞第１章、第2章）。これらの音素の中のいくつかは普遍的で、どんな人間言語にも見られます。ロシア出身の言語学者ヤコブソン（Roman Jakobson）は、世界の数多くの言語を観察し、子どもの母語獲得の過程を観察し、失語症患者の言語喪失の過程を観察して、①普遍的な音素が存在する、②音素間に階層性が存在する、と結論しました。

ヤコブソンによれば、子どもは次の順で母語の音素を獲得していきます。

1. まず、母音と子音の対立を獲得する。
   母音は /a/ であり、子音は両唇音である。
2. 次の段階として、子音が鼻音と口腔音に分かれる。
   （/mama/ と /papa/ ができる）
3. 次に、子音が両唇音と歯茎音に分かれる。
   （/mama/ と /nana/、/papa/ と /tata/）
4. その次に、母音が /a/ と /i/ に分かれる。
5. 次に、/a/、/i/、/u/ の「基本三角形」、
   または、言語によっては /a/、/i/、/e/ の
   「直線的母音体系」を獲得する。

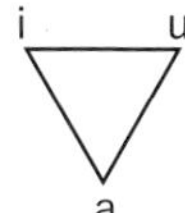

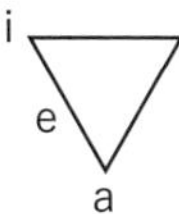

この１～５までで登場した音素は普遍的で、どんな言語にも見られます。よく見ると、普遍的な子音は閉鎖音が中心で、しかも調音の場所が前方です（鼻音 /m/ と /n/ も口腔の前方を閉鎖して調音します）。それに、口腔音は無声音ばかりです。ただし、実際には、赤ちゃんは初めのうちは [baba]、[dada] と有声音を発します。この点についてヤコブソンは明言していませんが、「有声の母音」には「無

声の子音」が対立するはずだ、と考えているようで、ここまでの説明には無声子音だけが登場します。子音の場合は無声音が代表ということでしょう。

さて、言語によっては、この後も次の順序で音素が増えていきます。そういう言語を母語とする子どもは次の過程を経ることになります。

6. 前方閉鎖音（/t/、/d/、/p/、/b/）と後方閉鎖音（/k/、/g/、など）の対立を獲得する。
7. 次に、閉鎖音に対して摩擦音（/f/、/v/、/s/、/z/、/ʃ/、/ʒ/、など）を区別する。
8. 母音は、「基本三角形」の体系では、まず前方の /i/ と /e/ の対立、次に後方の /u/ と /o/ の対立ができる。「直線的母音体系」の言語でも /a/、/i/、/e/、/u/、/o/ ができる。

ただし常に、前方音が獲得されてから後方音が獲得されるという順序があります。日本語の音韻体系は、子音は段階 7 の途中で、母音は段階 8 で完成します。一方、英語圏の子どもは、この後も、/a/ または /e/ に対立する音素として /æ/ を区別する、等々、複雑な体系を完成させていきます。

対立の獲得の順序には階層性があり、後発の音素を獲得した、つまり発音できるようになった子どもは必ず先発の、より基本的な音素も獲得しています。その意味では、日本語に比べて英語は「進化」した言語であると言えます。

ヤコブソンの研究では、階層性を裏付ける別の証拠として、失語症の患者が、より進化した段階の音素から忘れていく、という事実が報告されています。さらに、世界の言語で、より複雑な音素をもつ言語は必ず、より基本的な音素も持っていることが観察されています。母語獲得、失語症、世界の言語、という 3 つの領域からの証拠は強力です。また、基本的な音素は多くの単語で利用され、使用頻度も高いことが観察されています。

ところで、日本語には「ち」や「つ」という破擦音があります。「富士山」の「ふ」も、両唇摩擦音という、階層の上位にある珍しい音です。非円唇の「う」も珍しく、さらに、「岸」や「串」の語中の「い」や「う」は無声母音という非常に珍しい音なのです。ごく基本的な音韻体系をもつはずの日本語に、このような非常に珍しい音が散在するのは、不思議ではないでしょうか。これらはヤコブソンの理論への反例でしょうか。

いえ、そうではありません。「ち」「つ」という音は、/ti/、/tu/、「ふ」は、/hu/という音素列に対応します（外来語の fight、fit などは、語中の「ふ」を英語式に [f] と発音する人もいます）。次に「う」も、音素としてはごく基本的な /u/ に対応します。無声母音「い」「う」も、ごく基本的な /i/、/u/ を日本語式に発音したものにすぎません。声帯をバイブレーションさせて、つまり有声化して長めに「い」「う」と発音しても、「岸」「串」が別の単語に変わるわけではないのです。先の赤ちゃんの発音の場合と同じように、音素のレベルと異音のレベルを区別して考えれば、謎は解消します。また、英語の /ti/、/tu/、/hu/、/i/、/u/ を、つい日本語式に発音してしまわないよう、注意する必要があることもわかります。

第4章　強勢とリズムとイントネーション

第1章と第2章では個々の音の調音位置と調音様式、第3章では単語を構成する音素と異音、および単語が連なった時の音変化について説明しました。この章では、個々の単語が持つ強勢について説明した後、文のレベルで発生する文強勢、リズム、イントネーションを見ていきます。円滑なコミュニケーションのためには、文中のどの単語に強勢を置いて、どのようなリズムで、どのようなイントネーションで発話するかというのも、個々の音や単語を正しく発音することと同等かそれ以上に大切なことです。文強勢、リズム、イントネーションの違いによる微妙なニュアンスの差異を、映画や海外ドラマからも例文を引用して説明します。

4.1　強勢

文の発音を理解するために、まず文を構成する語に含まれる音節と拍(mora)、そして強勢について説明します。

まず音節ですが、語の中でひとまとまりの音として認識され発音される音声群を**音節**と言います。英語では、母音のみから成る場合もありますが、通常は母音が中心となり子音と組み合わさって1音節になります。続いて日本語ですが、基本的に仮名1字が1音節にあたり、どの仮名もほぼ均等な時間をかけて発音されます。この一定の時間で発音される音声群を**拍**

(mora) と言います。

単語の中である音節が他の音節よりも強調され、目立って聞こえるとき、その音節には**アクセント**があると言います。アクセントをもたらす要因が主に声の強さによる時は**強勢アクセント**と呼ばれ、主として声の高さによる時は**ピッチアクセント**（あるいは**高低アクセント**）と呼ばれています。英語のアクセントをもたらす主な要因が声の強さであるため、英語のアクセントは強勢アクセントです。一方、日本語はアクセントをもたらす主な要因が声の高さであるため、日本語のアクセントはピッチアクセントです。声の強さや声の高さというのは、性別や年齢で左右されるようなものを指すのではなく、ある音節が他の音節と比べて強いのか弱いのか、あるいは高いのか低いのかという相対的なものです。

英語のアクセントは単に**強勢**あるいは**ストレス**と呼ばれることもあります。本書では強勢と呼んでいます。強勢のある音節は他の音節よりも際立って強い呼気で発音されます。それに伴い自然と声が大きくなり、長く発音されます[1]。強勢の無い音節は自然と小さな声で速く発音されます。強勢には**第 1 強勢**と**第 2 強勢**があり、それぞれ第 1 強勢は/ ́/を、第 2 強勢は/ ̀/を母音の上に付けて表します[2]。例えばinformationという単語であれば、/ìnfərméɪʃən/というように/méɪ/に第 1 強勢が置かれ、/ìn/に第 2 強勢が置かれます。/méɪ/が語中で最も強調して発音され、/ìn/が 2 番目に強調されて発音されるのです。

◉ 語強勢と句強勢

どこに第 1 強勢あるいは第 2 強勢が置かれるかは、語や句によって異なりますが、ある程度予測可能な場合もあります。例えば、2つの単語を組み

---

1 強勢のある音節はピッチが高くなる場合が多いですが、必ずしも相関があるわけではありません。ピッチの変動については 4.3 で詳しく説明します。

2 国際音声記号（International Phonetic Alphabet (IPA)）では、第 1 強勢の置かれた音節の前に/ˈ/と表記し、第 2 強勢の置かれた音節の前に/ˌ/と表記します（例 information /ˌɪnfərˈmeɪʃən/）。本書では、一般的な英和辞典に倣い、第 1 強勢は/ ́/、第 2 強勢は/ ̀/を母音の上に示します。

合わせて作られた複合名詞は基本的に、前方に第1強勢、後方に第2強勢が置かれます。ルリコマドリという鳥の名前を示す複合名詞のbluebirdは、blúebìrd（ブルーバード）というように、前方に第1強勢、後方に第2強勢を置いて発音されます。逆に、これが複合名詞ではなく、単に「青色の鳥」を表す名詞句であれば、blùe bírd（ブルーバード）というようにblueに第2強勢、birdに第1強勢を置いて発音されます。同様に、I live in the white houseと言う場合、whiteに第1強勢、houseに第2強勢を置けば、複合名詞であるthe White Houseと解釈され「米国大統領官邸に住んでいるよ」という冗談として捉えられるでしょう。また、whiteに第2強勢、houseに第1強勢を置けば、単に形容詞と名詞が並んだ名詞句だと解釈され「その白い家に住んでいるよ」という意味で伝わるでしょう。では、似たような例として次の文の意味の違いを考えてみましょう。どちらか1文が「彼女（恋人）」という意味になり、もう1つの文が「女性の友達」という意味になります。

(1) I have a /gə́:rlfrènd/（ガールフレンド）
(2) I have a /gə̀:rlfrénd/（ガールフレンド）

(1) はgirlに第1強勢が、friendに第2強勢が置かれていますので、聞き手はgirlとfriendが結びついてできた複合名詞であるgirlfriendを意図していると解釈します。そのため、(1) の文は「私には（付き合っている）彼女がいる」という意味になります。一方、(2) はgirlに第2強勢が、friendに第1強勢が置かれていますので、聞き手はこれをgirlとfriendの複合名詞ではなく、単なる名詞句だと解釈します。そのため、(2)の文は、あまり一般的な表現ではありませんが、「私には女性の友達がいる」という意味になります。ただし、「女性の友達」と言う場合には、誤解を避けるためにgirlの代わりにfemaleを使ってa female friendと表現する場合が多いようです。この場合、たとえfemaleに第1強勢が置かれて (1) のような強勢パターンになっても、恋人の意味にはなりません。*femalefriendという複合名詞は存在しないため、「(男性ではなく) 女性の」という意味が強調されるだけです（アステリスク「*」は非文の印で、このように語や句にも適用されます)。

◉ 文強勢

語や句に強勢があるように、文にも強勢があります。ある単語には強勢が置かれ、ある単語には強勢が置かれません。例えば、Where are you going to stay? という文を、すべての単語に強勢を置いて /wéər ɑ́:r jú: góʊɪŋ tú: stéɪ/ のように発音すれば、それは不自然でぎこちない英語になってしまいます。

次の３つの英文を見てみましょう。通常、これらの文には強勢が３つずつあります。そして、にわかには信じられないかもしれませんが、これら３つの文は、ほとんど同じ長さで発せられるのです。

(3)　John goes to school.

(4)　John will go to school.

(5)　John is going to go to school.

文強勢が置かれている単語、つまり John、go (goes)、school は強く、ゆっくりと時間をかけて発せられます。そして、文強勢は文の中でほぼ一定の間隔で置かれます。間隔を一定に保つために、文強勢が置かれていない単語、つまり to, will, is going to は、弱く、速く発せられます。文強勢が置かれていない状態では、to /tu:/ は 通常 [tə] と発音され、will /wɪl/ は [l]、is going to /ɪz góʊɪŋ tu:/ は [zgənə] と発音されます。つまり、文強勢と文強勢に挟まれた単語は縮約され、文強勢が置かれた場合に比べてだいぶ弱く発音されるのです。文強勢が置かれて強く発音された語を**強形**、弱く発音された語を**弱形**と言います。弱形では、is going to が [zgənə] となるように、様々な音が脱落し、母音が残っている場合は、曖昧母音である [ə] に変わります。

強勢の有無によって音節の発せられる時間が変わるというのは、拍が基本単位となる日本語を母語とする私たちには実感しにくいかもしれません。日本語では、強勢の有無にかかわらず、どの拍もほぼ一定の時間をかけて発せられるため、文中の拍の数によって、文が発せられる時間が決まります。例えば、「あしたははれ」は「あした」の倍の時間がかかります。しかしながら、上のJohn goes to school（ジョン ゴウズ ㇳ スクール）もJohn will go to school（ジョンㇽ ゴウ ㇳ スクール）もJohn is going to go to school（ジョン ズガナ ゴウ ㇳ スクール）も、タンタンタンと3拍子で発せられることからもわかるように、音節の数が増えたからといって、文が発せられる時間が必ずしも増えるわけではありません。英語では文の中に音節がいくつ存在するかではなく、文強勢がいくつ存在するかということが、文が発せられる時間を決定します。

ところで、アメリカの大学では、大学に入った途端に、論述式の宿題を大量にこなさなければなりません。そんな大忙しのアメリカの大学1年生が書く英文には、日本で英語を外国語として学んできた大学生は絶対にしないような間違いがいくつかあります。thanをthenと書き間違えたり、you'reをyourと書き間違えたりと、様々ですが、よく目にするのが、should haveをshould ofと書いてしまう誤りです。could haveを誤ってcould ofと書いてしまう例も見られます。では、なぜhaveをofと書くような間違いをするのでしょうか。

これは、should haveが文強勢を置かれず弱形で発音されていることによるのです。shouldとhaveに文強勢が置かれず弱形で発音される場合、should /ʃʊd/の発音は、[ʃəd]になり、have /hæv/の発音は、[əv]になります。すると、[ʃəd]がshouldを示すことは明瞭なのですが、haveの発音が、偶然にもofの弱形の音である[əv]と同一になります。そのために、つい、should ofと誤って書いてしまうのです。

willの弱形が[l]で、amの弱形が[m]というのは、文字としても表されます。いわゆる短縮形です。I willの短縮形は、I'llと表記され、I amの短縮形はI'm、I wouldの短縮形はI'dと表記されます。ただし、going toが弱形で[gənə]と発音されるからといって、gonnaと表記できるのは、テキストチャットやメール等で親しい間柄で使うようなカジュアルな状況で、フォーマルな文章では普通使われません。andの弱形も [ən]あるいは[n]と発音されますが、これもカジュアルな文章であれば、n' あるいは 'nと表記されることがあります。アメリカのロックバンド、ガンズアンドローゼズの英語表記がGUNS N' ROSESであったり、ステーキバーガーのレストランにSteak 'n Shakeという店があったりします。しかしながら、すべての弱形が文字として表されるわけではありません。例えば、先のshould have /ʃʊd hæv/の発音が[ʃəd əv]であっても、to /tuː/の弱形が [tə]であってもそれが文字で表されることはないのです。

◉ 内容語と機能語

私たち英語学習者は、文強勢がどのような語に置かれ、どのような語に置かれないのかを知り、文強勢が置かれない場合はどのような音で発せられるのかを知っておく必要があります。基本的には、文強勢が置かれる語は、内容語と否定形のbe動詞、否定形の助動詞です。**内容語**とは実質的な内容を表す語で、名詞、be動詞以外の動詞、形容詞、副詞がこれにあたります。

表１　内容語（および否定形のbe動詞と助動詞）の例

名詞	cat, dog, egg, bike, car, bus, train, chair, desk, people, house, treeなど
一般動詞	stand, sit, watch, look, find, show, see, meet, think, learn, studyなど
形容詞	bad, good, glad, sad, angry, new, sweet, beautiful, tall, coldなど
副詞	always, well, already, enough, very, often, quickly, too, neverなど
否定形のbe動詞と助動詞	isn't, aren't, can't, haven't, don't, doesn't, didn'tなど

一方、基本的に機能語には文強勢が置かれません[3]。**機能語**とは文法的な関係や話者の心的態度を表す語で、be動詞、代名詞、助動詞、冠詞、前置詞、接続詞、関係詞などがこれにあたります。

表2 機能語の例

be動詞	am, are, is, was, were
代名詞	I, my, me, we, our, you, your, he, his, she, her, they, their, it, itsなど
助動詞	can, could, should, will, wouldなど
冠詞	a, an, the
前置詞	after, at, before, by, during, for, from, in, of, on, to, under, withなど
接続詞	and, but, so, because, if など
関係詞	who, which, that, when など

それでは、次の英文を使って内容語と機能語を見てみましょう。

(6) Japan is an island country in East Asia.

上の例では、内容語であるJapan、island、country、East、Asiaに文強勢が置かれています。それぞれの語の意味がはっきりとしていて、文の意味を理解する上で重要なものばかりです。言い換えれば、内容語が聴き取れるだけで、文の言わんとする意味は大体理解できてしまいます。一方で、文強勢が置かれていないのが、is、an、inの機能語です。会話の際、話者が文の中で重要な情報をはっきりと区別して発することで、聞き手は、何が重要な情報であるかを察して、文全体を理解します。文中の機能語をあえて強形で発音して、対比や強調など、特別な意味を込めることもありますが、基本的に機能語は弱形で発音します。

では、主な機能語の強形と弱形を見てみましょう。

---

3 ただし、機能語であっても、文頭にくると強形の発音が使われることが多いです。

表３　機能語の強形と弱形の例

機能語	強形	弱形
was	wʌz	wəz
her	həːr	ər, hər
him	hɪm	əm, həm
can	kæn	kən, kn
have	hæv	həv, əv, v
should	ʃʊd	ʃəd, ʃd
will	wɪl	əl, l
would	wʊd	wəd, əd
a/an	eɪ/æn	ə/ən
the	ðiː	ðə（子音の前で）, ði（母音の前で）
to	tuː	（子音の前で）tə,（母音の前で）tu
and	ænd	ən, n
because	bɪkɔ́ːz	bɪkəz, kəz, kɔz
that	ðæt	ðət̚

これらの機能語が弱形で発せられると、日本人英語学習者にとってはかなり聴き取りにくくなります。また、機能語が文中に連続して出てくると、さらに聴き取りが困難です。例えば、[kəzəvədráʊt]（カザヴァドラウト）と言われた場合、[dráʊt]はすぐにdrought（干ばつ）だと理解できても、[kəzəvə]がbecause of aだと理解するのは、至難の業です。強形だけでなく機能語の弱形の発音を知り、ある程度聞き慣れておく必要があります。

一般的に、日本人英語学習者は、英語を話す際に、文強勢が置かれていない語もはっきりと発音してしまいがちです。これは、ネイティブスピーカーには、不自然な英語に聞こえるようです。文強勢を置くべきでない機能語に文強勢を置いて発すると、意図しないニュアンスが加わってしまいます。例えば、先ほどのJapan is an island country in East Asiaにあるislandの前のanに文強勢を置いて、[ǽn]と発音すると、次に続くisland countyが強調され、「（大陸国家ではなく）島国だ」という主張をしたいのだと聞き手に伝わってしまいます。そのような意味を意図しないのであれば、anには文強勢を置かず、[ən]と発音するのが自然です。

◉ 機能語を強形で言う場合

theの発音は、子音の前では[ðə]、母音の前では [ði]と発音します。ただし、theに文強勢が置かれると、子音の前でも母音の前でも、[ðíː]と発音されます。そして、文強勢が置かれて[ðíː]と発音すると、次に来る語の意味が強調されます。海外ドラマから使用例を見てみましょう。文強勢が置かれる機能語を大文字で表します。

(7) **Monica**: Oh my God, we just had THE [ðíː] best conversation!!
（信じられない、私たち今、超最高の会話を交わしたわ！）
[『フレンズ』シーズン4エピソード2]

例文の人物Monicaは、高校時代に憧れていた男性に偶然出会い、電話番号の交換をしたところ、後日その男性から電話がかかってきました。電話を切った後に上のセリフを言うのですが、この文のtheに文強勢が置かれ、強形の [ðíː]で発音されています。bestはすでに最高、最良という意味ですが、theに文強勢を置くことで、bestの意味が強調され、「間違いなく最高」あるいは「ずば抜けて最高」というような意味になります。

対比の意味を込めるために機能語に文強勢を置くこともあります。次の例文に登場するRossとEmilyは、結婚式を挙げたばかりのカップルです。しかしながら、Rossが結婚式で誓いの言葉を述べる際に、別の女性の名前を誤って言ってしまったため、Emilyは激怒し、式の後でトイレに閉じこもってしまいました。

(8) **Ross**: That's all right, honey. You take your time, sweetie. I'll be right out here.
（いいよ。ゆっくりで大丈夫。ここで待ってるから。）

Emily: I hate you!!
（大嫌い！）
[jú:]
Ross: And, I love YOU!!
（君を愛しているよ！）
Mr. Geller: Boy, bad time to say the wrong name, huh, Ross?
（いやあ、とんでもない時に名前を間違えちゃったね、ロス。）
[『フレンズ』シーズン5エピソード1]

ここでは、RossのセリフであるI love youのyouに文強勢が置かれ、強形の[jú:]で発音されています。他の誰でもない「あなた」であることを、他の人物と対比させて伝えているのです。つまり、誓いの言葉を述べる際に、誤って名前を呼んでしまった女性ではなく、Emily、つまりyouを愛しているのだと述べています。

他にも、肯定の意味を強調するために、助動詞に文強勢が置かれることがあります。次の例文もカップル間の会話です。

（9） **Chandler**: Honey, I got us that room at the Woodford Inn this weekend.
（今週末ウッドフォードホテルのあの部屋を予約しておいたよ。）
[kǽn]
Monica: That place in Vermont? You CAN take a hint!
（バーモント州のあの場所？なんだ、ちゃんと私の気持ちを察することができるんじゃない！）
[『フレンズ』シーズン10エピソード4]

ここでは、canに文強勢が置かれ、発音が強形の[kǽn]になっています。Chandlerが「ウッドフォードホテルのあの部屋を予約しておいたよ」と言うのに対して、Monicaが「バーモント州のあの場所？なんだ、ちゃんと私の気持ちを察することができるんじゃない！」と答えています。Monicaは、

Chandlerが言外の隠れた意図を感じ取ることができるような気の利いた人であるかどうか自信がなかったのです。この会話以前にMonicaはその部屋を予約しておいてほしいとは直接的には依頼せず、遠回しにその部屋に泊まってみたいという希望をほのめかしていたのでしょう。Chandlerがその意図をしっかりと読み取っていたということを、canに文強勢を置いて表現しています。つまりcan'tではなくてcanなのだということを明確にしています。このように肯定の意味を強調する際、もともと助動詞を含む文であれば、その助動詞に文強勢を置きます。一方で、助動詞を含まない文の時は、わざわざdo（あるいはdoes、did）を主動詞の前に持ってきて、それに文強勢を置く場合があります。

(10) **Rachel**: Now, come on, come on, Steve. There must be something that you like about yourself.
（もういい加減にしてよ、スティーブ。何か1つぐらい自分の好きな部分があるでしょ。）

Steve: I DO like my hair. [dú:]
（自分の髪は好きだね。）

［『フレンズ』シーズン9エピソード14］

上の例では、自己否定的なことばかりを話していて落ち込むSteveに、Rachelが何か1つぐらい自分の好きな部分があるはずだと励ましています。それに対してSteveは、自分の髪は（嫌いではなく）好きだと答えています。likeは内容語で、すでに文強勢が置かれているので、代わりに助動詞のdoを持ってきてそれに文強勢を置いているのです。それによって、don't likeではなくlikeなのだという肯定の意味を強調しています。

ここまでは機能語の、冠詞、人称代名詞、助動詞に文強勢が置かれる例を挙げてきましたが、前置詞も対比の意味を込めるために文強勢が置かれることがあります。例えば、Let's discuss this AFTER the meetingというように、afterに文強勢を置けば、会議の「前」ではなく「後」でという意味を強調します。また、前置詞は後に来る単語あるいは文脈によって意味が変わることがあります。前置詞をどの意味で捉えるかで、発話の解釈も変わってきます。次の例ではwithに文強勢が置かれています。それによって聞き手のwithの解釈を正しています。Rossという人物が、まもなく生まれてくる自分の赤ちゃんの夢を見たのですが、その夢の様子を、次のように語っています。

(11) **Ross**: I had a dream last night where I was playing football with my kid.
(昨晩息子と一緒にアメリカンフットボールをしている夢を見たんだ。)

Joey: That's nice.
(いいね。)

[wíð]
Ross: No, no, WITH him.
(いやいや違う。息子「で」だよ。)
I'm on this field, and they, they hike me the baby... and I, I know I've got to do something because the Tampa Bay defense is coming right at me.
(フィールド上に立っていたら、赤ちゃんをパスしてきたんだ。タンパ・ベイ（敵のチーム）のディフェンスが僕めがけて迫ってくるので、何かしなくてはと思って。)

[『フレンズ』シーズン1エピソード17]

1行目に出てくるI was playing football with my kidのwithを、聞き手のJoeyは、「〜と一緒に」と解釈します。ところが、３行目で話者のRossは、No, no, WITH himと言って、withに文強勢を置いて、「〜と一緒に」という解釈を正し、「〜を（ボールとして）使って」という意味であったことを伝えています。その後のセリフは、フットボールの試合中、自分の赤ちゃんをパスされると、敵チームのディフェンスがRossめがけて迫ってくるので、何かしなくてはと思った、と続きます。withには「～を道具として使って」という意味がありますが、常識的に考えて、その解釈が頭をよぎることもなく「息子と一緒にフットボールをしていた」と解釈するのが普通です。そこで、話者はwithを強調し、withを別の意味で使っていることを聞き手に気づかせているのです。

このwithの例は少々特殊ではありますが、海外ドラマ『フレンズ』の会話例からわかるように、普段文強勢が置かれない機能語にあえて文強勢を置くことで、話者は、何かしらの意図を発話に込めるわけです。それは、語の意味を強めたり、あるいは正したり、対比の意味を込めたり、次に来る語の意味を強めたりと様々です。そういった話者の感情や思惑を文強勢から察することができれば、コミュニケーションがより円滑になることでしょう。

4.2 リズム

音声の流れの中で自然に音の強弱や短長が規則的に繰り返される現象が見られます。これを**リズム**と言います。4.1では英語が強勢をリズムの基本単位とする言語で、日本語は拍を基本単位とする言語であることを述べました。日本語のリズムは拍が等間隔に発音されるのに対して、英語のリズムは強勢が等間隔に繰り返されるのが特徴です。例えば英語のbrightとbrightnessですが、それぞれ強勢が1つであるため、“タン”と一息で、ほぼ同じ長さで発音されます。これを日本語的に発音すると、brightが「ブライト」、brightnessが「ブライトネス」となり、「ネス」を発音する分だけ長くなります。日本語はそれぞれの拍の長さが大体同じで、拍の数が増えれば、その分だけ発語する時間が長くなります。一方、英語は強勢の数が増えればその分だけ発音する時間は長くなりますが、強勢と強勢の間の長さを均等に保とうという力が働くため、間に挟まれた弱音節は縮約されます。John is going to go to school（ジョン ズガナ ゴウ タ スクール）が、タンタンタンと三拍子で発せられるのは、強勢が等間隔に繰り返される英語のリズムに起因します。

基本的に英語のリズムには、次のようなパターンがあります。

1. 弱 - 強　　We go to school by bus.

2. 強 - 弱　　That's the way to do it.

3. 弱 - 弱 - 強　　The police have arrested the thief.

4. 強 - 弱 - 弱　　Everyone thought it was wonderful.

（竹林 1996: 408）

強勢の置かれた音節が先に来るのか、後に来るのか、あるいは強勢と強勢の間に強勢の置かれていない音節がいくつあるかで、4 つのパターンに分かれます。上の 1 であれば、弱 - 強というコンビネーションが繰り返され、3 であれば、弱 - 弱 - 強というコンビネーションが繰り返されるわけです。ただし、すべての英文がこの 4 つのパターンのどれかに当てはまるわけではありません。むしろ不規則なコンビネーションを含む文のほうが多いくらいです。しかし、英語にはリズムを可能な限り規則的なものに近づけようとする力が働きます。例えば、Japanese [dʒæ̀pəníːz] という単語は、/níːz/ に第 1 強勢が置かれますが、これに girls [ɡə́ːrlz] のように第 1 音節に強勢がある名詞が続くと、Japanese の第 1 強勢を /niːz/ から /dʒæ/ に移動して、Jápanèse gírls と発音されることがあります。これは、Japanese の第 1 強勢と girls の強勢が接近していて、発音しにくいためで、弱 - 強 - 強というパターンを強 - 弱 - 強に変えることでリズムを整えているのです。

また、英語では、強勢と強勢の間を等間隔に保とうとする力が働きます。強勢と強勢の間に、強勢が置かれない音節が全く無いのであれば、ゆったりと発音し、2 個も 3 個もあるようであれば縮約して発音します。強勢と強勢の間に、強勢が置かれない音節がいくつあろうと等間隔に発音するというのは、日本語を母語とする私たちにとって容易なことではありません。練習方法については第 5 章で述べます（☞ 5.1 ～ 5.3）。

◉ 音楽に見る英語のリズム

歌にはその言語の特徴が顕著に現れます。リズムに乗せて喋るように歌うラップ・ミュージックは、会話文に見られる英語のリズムの特性を含んでいます。アメリカのラッパー、EminemのLose Yourselfという曲の冒頭から一部抜粋します。

(12) His palms are sweaty, knees weak, arms are heavy
(奴の手は汗ばみ、膝はガクガク震え、腕はずっしりと重い)

There's vomit on his sweater already, mom's spaghetti
(セーターにはゲロが付いている、ママが作ってくれたスパゲティーの)

He's nervous, but on the surface he looks calm and ready to drop bombs,
(奴は緊張している、でも上辺は冷静で、観客をあっと驚かせる準備はできているようだ)

[Eminem "Lose Yourself"]

この曲は、『8 Mile』という2002年にアメリカで制作されたヒット映画の主題歌で、同年度のアカデミー歌曲賞を受賞していますので、ご存知の方もいることでしょう。上の歌詞は、ラップ・ミュージックということで、メロディーに乗せるというより、ビートに乗せて、つまり強勢の置かれた音節を強調して、喋るように歌われます。話し言葉と同様に、強勢が置かれていない音節は非常に速く、そして弱く発音され、強勢が置かれている音節は強く時間をかけて発音されています。これを日本語のリズムで歌おうとすると、全くビートに合わせることができません。それぞれの音節を等間隔で発音する日本語のリズムでは、「字余り」になってしまうのです。

近年、日本の音楽界においてもラップ・ミュージックが浸透しています。

歌詞を英語で歌っているアーティストもいれば、日本語で歌っているアーティストもいます。歌詞に日本語が使われる場合でも、英単語が散りばめられていることが多いですが、興味深いのは、日本語のラップに英語のリズムの特性が盛り込まれているということです。そのため日本語の歌詞であっても、英語の歌詞を歌っているように聞こえるということが多々あります。

日本語の場合、高と低の2つのアクセントの段階があります。高アクセントの中でも「いけばな」の「け」など、ピッチが下がる直前の拍は「アクセント核」と呼ばれ、英語の強勢のように特に際立つ音節なのですが、通常の会話では、英語ほど声が大きくなったり、ゆっくりと時間をかけて発せられるということはありません。しかしながら、日本語のラップを聞くと、アクセント核が、ピッチが高いだけでなく、大きな声で、ゆっくりと発音されることがよくあります。また、その他の部分は、単に低いピッチで発音するだけでなく、急ぎ足で発音されています。birdというアーティストのREALIZEという曲の一部を見てみましょう。下記の箇所は2:24あたりからです。英語の強勢のように歌われている箇所を大文字で太字にしてあります。

(13)　真実の目は灰色の羽根を
(**SHIN**jitsu no me wa haiiro no ha**NE** o)
羽ばたかし輝かし溶かしてくれた
(habata**KA**shi kagaya**KA**shi to**KA**shite **KU**reta)
餓えてても決して変えない
(**U**etete **MO** keshi te kae **NA**i)
持って生まれたこの声で奏り
(**MO**tte umareta kono koe de kanari)
今BIRDを歌って語って走ってそして
(ima **BAA**do o u**TA**tte ka**TA**tte ha**SHI**tte soshi**TE**)
唯一楽々響いて
(yuiitsu rakuraku hi**BII**te)

[bird “REALIZE”]

リズミカルに韻を踏んでいることや、日本の演歌や童謡であれば1小節につき3 ～ 6音節程度であるところを、この曲では、その2倍、3倍の数を押し込んでいるということも驚異的ですが、やはり興味深いのは英語のリズムを日本語に当てはめて歌っているということです。大文字で太字の箇所は、英語のように声を大きく、ゆっくりと発音し、小文字の部分は、急ぎ足で発音されています。

5節目は特に英語のように聞こえます。この部分のリズムパターンを見てみましょう。

(14) ima **BAA**do o u**TA**tte ka**TA**tte ha**SHI**tte soshi**TE**

ここではおおよそ、前記の英語のパターン3（弱-弱-強）に似たリズムを維持しており、ビートに乗せて英語のような強勢をつけています。また、「語って」などに出てくる/t/の音を、英語のように強い気息を伴って発音する[tʰ]にして歌っていることも、日本語の歌詞なのに「英語っぽく」聞こえる要因なのでしょう。

4.3 イントネーション

イントネーションとは、話者の感情、あるいはある事柄に対する確信の有無などによって起きるピッチの変動のことです。感情が高まれば、ピッチの変動も激しく、感情が穏やかであったり、あるいは無関心であればピッチの変動は小さくなります。また、ある事柄について確信がなく、相手に確認する場合は、文末のピッチが上がり、ある事柄について確信があり、断定的に発する場合は、文末のピッチが下がります。

イントネーションは**文音調**とも呼ばれることからもわかるように、文全体に及ぶピッチの変動を指しますが、まずは文末のイントネーションから見ていきましょう。

◉ 基本的なイントネーション

学校の教科書では、文末のイントネーションについて、通常、次のように説明されています。

・平叙文は下がる。（例）I'm John Smith. ↘
・Yes/No疑問文は上がる。（例）Are you from Canada? ↗
・WH疑問文は下がる。（例）Where is my camera? ↘

初めの２つの規則は日本語でも同じことが言えますから、あまり意識しなくてもいいですが、３つ目の規則は少々厄介です。同じ疑問文でありながら、なぜWH疑問文は文末が下降調になるのでしょうか。これについては、「疑問詞によって特定されるある情報を相手に要求することがこの種の文の発せられる目的であり、迷いの気持ちから聞いているというわけではないから」[4]という説明が真実を突いているようです。つまり、先ほど述べた確信の有無という要素は、WH疑問文には当てはまらないということです。

さて、上の３つの規則が文末のイントネーションの基本となりますが、必ずしもそうなるというわけではありません。例えば、When is your birthday? という疑問文は、WH疑問文ですので、基本的には文末が下降調になりますが、これを上昇調にすることも可能です。上昇調にすれば、「あれ、ちょっと忘れちゃったけど誕生日いつだっけ？」というような軽い響きになります。不自然な英語という感じはなく、文脈あるいは状況によっては、上昇調のほうが自然な場合もあります。

同じように、平叙文は基本的に文末が下降調になりますが、上昇調になる場合もあります。Yes/No疑問文と比較してみましょう。

(15)　Are you from Canada? ↗
(16)　You're from Canada? ↗

[4] 竹林・清水・斎藤 2013: 143–144

(15) では、相手がカナダ出身なのか確信がなく、答えがYesなのかNoなのかがわからないという印象を与えるのに対し、(16) のように平叙文を上昇調で終わらせれば、相手がカナダ出身であるということにある程度確信があり、その推測を相手に確認しているというニュアンスが生まれます。つまり、文末が上昇調になるのか下降調になるのかは、確認したい事柄についてどれだけの確信を持って発話しているのかで決まります。上昇調であれば確信がないことを表し、下降調であれば確信があることを表します。そのため、Yes/No疑問文であっても、答えがYesであろうという確信が強ければ文末が下降調になることもあります。そして同じことが付加疑問文にも言えます。海外ドラマの『フレンズ』から例を見てみましょう。

(17) **Michael**: Um, cheers.
(えっと、乾杯。)
Rachel: Oh, right, clink.
(あぁ、そうね、はい、チン。)
Michael: Monica told you I was cuter than this, didn't she? ↘
(モニカから、もっとかっこいい男だと聞いていたんでしょ。)
Rachel: Oh, no, Michael, it's not you. I'm sorry, it's just, it's this thing.
(違うの、マイケル、あなたのせいじゃないの。ごめんなさいね、ちょっと気になっていることがあって。)
[『フレンズ』シーズン2エピソード7]

友人（Monica）の紹介で、ブラインドデートをすることになったMichaelとRachelですが、会話は全く弾まず、Rachelはあからさまに不愛想な態度を続けます。Michaelに「乾杯。」と言われても、「あぁ、そうね、はい、チン。」と言って相手の顔を見ずにワインを飲み干します。そこでMichaelは、「もっとかっこいい男だと聞いていたんでしょ。」とRachelに言います。ここでは下降調が使われています。「不愛想な態度を取るのは、思っていたほどかっこよくなくてがっかりしているから」という推測に確信を持っていて、それを確認しているという話者の意図が窺えます。

◉ 応用的なイントネーション

文末の上昇調は確信の無さを表すという基本的な機能に加えて、口調を和らげるという機能も果たしています。つまり、会話の相手との人間関係に配慮した用法があるということです。例えば、命令文の文末を上昇調にすれば、命令文の形であっても、権威的な印象はありません。

(18)　Come see me after class. ↘

(19)　Come see me after class. ↗

(18) と (19) を比較すると (19) のほうがよりやんわりと聞き手に伝わります。(18) が「授業終了後私のところに来なさい。」というニュアンスに対して、(19) は、「授業終了後私のところに来てね、いいかな。」という感じでしょうか。上昇調が持つ不確定さが婉曲な雰囲気を醸し出しているのでしょう。

◉ 音調群

ここまでは文末の上昇と下降のイントネーションについて述べましたが、イントネーションは文末の現象とは限らず、またイントネーションの単位は文だけでもありません。発話がある程度長い場合、発話を**音調群**という、大小様々な単位に分割して考察する必要があります。イントネーションは情報の区切りを明確にします。節や文が音調群を構成することが多いのですが、演説等で１語１語を強調して話す場合などは細かく分割されます。映画『タイタニック』から例を見てみましょう。主人公のジャック・ドウソンがファーストクラスのディナーの場で彼の人生観を堂々と語るシーンです。音調群の区切りを“|”で表します。

(20)　|I figure life is a gift, |and I don't intend on wasting it. |

|You never know what hand you're gonna get dealt next. |
|You learn to take life as it comes at you |to make|each | day|count|
［映画『タイタニック』］
（人生は贈り物だと思う。無駄にしたくはない。次にどんなカードが配られるかはわからないけど、どんなカードが配られようとも、それも人生なんだと悟るんだ。一日一日を大切にしたいから。）

1行目のセリフは句読点の位置と音調群の区切りが一致していますが、3行目のセリフでは、to make each day countの部分が1語1語ゆっくりと強調され、それぞれが音調を持つ音調群に分かれています。

各音調群において、イントネーションが上昇するのか下降するのかというのはある程度予測がつきます。例えば、複数の項目を列挙する場合、それぞれの項目が上昇調になり、最後の項目が下降調になります。映画『フォレストガンプ』から例を見てみましょう。主人公の友人であるババが、いかにエビが食材として万能であるかを説明するために、エビの調理法やエビを使った料理をたくさん列挙するシーンです。

(21) |Anyway, |like I was saying, ⤴|shrimp is the fruit of the sea. ⤵|
You can barbecue it, ⤴	boil it, ⤴	broil it, ⤴	bake it, ⤴	sauté it. ⤴
There's um, ⤵	shrimp kabobs, ⤴	shrimp creole, ⤴
shrimp gumbo, ⤴	panfried, ⤴	deep fried, ⤴	stir fried, ⤴
there's pineapple shrimp, ⤴
lemon shrimp, ⤴	coconut shrimp, ⤴	pepper shrimp, ⤴
shrimp soup, ⤴	shrimp stew, ⤴	shrimp salad, ⤴
shrimp and potatoes, ⤴	shrimp burger, ⤴	shrimp sandwich... ⤴
that's, that's about it. ⤵	［映画『フォレストガンプ』］
（とにかく、さっきから言っているように、エビっていうのは海の果物なんだ。バーベキューにしてもいいし、煮てもいいし、オーブンで焼いてもいいし、炒めてもいいし……［省略］ まあ、そんなところかな。）

普通は最後の項目が下降調になるのですが、上の例では最後の項目であるshrimp sandwichも上昇調になっています。これはババがshrimp sandwich以降もまだエビを使った料理を列挙し続けようと思っていたがもう尽きてしまったということでしょう。

同じように、聞き手に複数の選択肢を示して、その中からどれを選ぶかを尋ねる選択疑問文でも、通常、最初に列挙した項目が上昇調で最後が下降調になります。

(22)　|Would you like iced tea ⤴|or lemonade? ⤵|

この例文では「冷たい紅茶がいいですか、それともレモネードがいいですか」と2つのうちどちらが良いか尋ねています。これにはIced tea, pleaseなどと言って答えます。しかし、これを次のように1つの音調群で文末を上昇調で発すると、ニュアンスが少し変わります。

(23)　|Would you like iced tea or lemonade? ⤴|

こうなると、もはや選択疑問文ではなく認否疑問文になります。「飲み物はいかがですか。冷たい紅茶やレモネードがありますが。」という意味になり、これにはYes, I'll have some lemonadeなどと、yesあるいはnoを使って答えるのが自然です。

付加疑問文は上昇調になる場合と下降調になる場合があると先に述べましたが、いずれの場合も、通常、先行する平叙文は下降調になります。

(24)　|You are not going, ⤵|are you? ⤴|
　　　[「行かない」という推測に確信がない]

(25)　|You are not going, ⤵|are you? ⤵|
　　　[「行かない」という推測に確信がある]

また、従位節＋主節というコンビネーションでは、従位節が上昇調で、主節が下降調になる場合が多いです。

(26) |If you do, ↗| please contact me at my blog. ↘|

このように、イントネーションによって聞き手は文の構造を理解することができます。イントネーションは句読点のような役割を果たし、聞き手に情報の区切りをわかりやすく伝えているのです。また、先のto make each day countの例やWould you like iced tea or lemonade?の例からもわかるように、どこで文を区切り音調群を形成するかで話者が何を強調したいのか、何を意図しているのかが変わってくるのです。

◉ イントネーションが伝える正反対の意味

イントネーションのパターンは基本的に上昇調と下降調の2つですが、実際の会話においては数多くのパターンが使われています。例えば同じ下降調であっても、高い位置から下降する変動幅の広いものもあれば、低い位置から下降する変動幅の狭いものもあります。また下降調と上昇調が繰り返し起こる場合や、変動幅がほとんどなく平坦なものもあります。ここでは、Praatという分析ツールを使ってイントネーションを線で表記し、イントネーションの違いによる意味の変化を考察します。

相手を励ましたり元気づける意味で、Good luckと言うこともありますが、イントネーションを誤ると「頑張って」ではなく「まあ、せいぜい頑張りな」という皮肉たっぷりの意味になってしまうことがあります。これについては、文脈や表情など留意すべき要素はいくつもありますが、イントネーションに意識を向けることはとても重要です。『フレンズ』から例を見てみましょう。

(27) **Monica**: A weird thing happened today when I was at brunch. This woman overheard that I was marrying you and then she

wished me (27a) good luck.

（遅めの朝食を食べてたら奇妙なことがあったの。あなたと結婚することになったっていう話が近くにいた女性に聞こえたみたいで、その女性が「グッドラック」って言ってきたの。）

Chandler: That's sweet.

（優しい人だね。）

Monica: No, it's more like a (27b) "good luck."

（いや、どちらかというと「まあ、せいぜい頑張りな」っていう感じ。）

Chandler: So uh, what did this woman look like?

（どんな見た目の女性だった？）

Monica: She was like 30, dark hair, attractive.

（30歳ぐらいで、黒髪で、魅力的な人だったわ。）

［『フレンズ』シーズン7エピソード6］

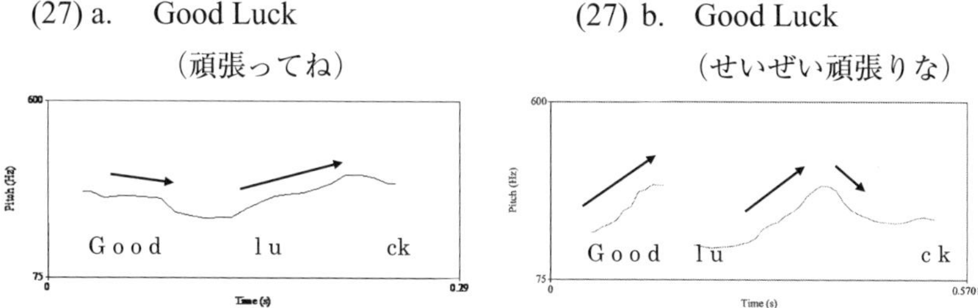

(27) a.　Good Luck
（頑張ってね）

(27) b.　Good Luck
（せいぜい頑張りな）

Good luckは、結婚を控えた二人を祝福する言葉と捉えるのが自然です。そこで音調曲線を見ると、(27a) のGood luckではピッチが緩やかに下降してから緩やかに上昇していて、感情は込められていません。一方、(27b) のGood luckではGoodの部分でピッチが大きく急上昇し、luckの部分で再び低い位置から急上昇した直後に急下降しています。こちらのパターンは感情が動いていることを示唆しています。この変則的なイントネーションに加えて、発話と同時に目線を上にそらし、にやけた表情をしていることから、(27b) は皮肉の発話行為（☞6.4）であると判断できます。

同じような例にOh, greatがあります。Oh, greatはイントネーションの違いで、「最高」の意味にも「最悪」の意味にもなります。

(28) **Rachel**: All right, let's get this party started, huh? Joey and Phoebe are going to perform a little something for us.
（よし、それじゃパーティーを始めましょう。ジョーイとフィービーが私たちのために何かパフォーマンスをしてくれるそうよ。）

Ross: Oh great!
（お、いいね！）

［『フレンズ』シーズン10エピソード4］

(29) **Interviewer**: Actually, I tried to call you. You didn't need to come down here today.
（実は電話しようとしたんだけど。今日来る必要なかったの。）

Joey: Oh great. You know, I would've been perfect for this part, but whatever! You know, thanks for making a bad decision and ruining your movie! Good day!
（なんだよ、もう。俺はこの役にピッタリだったのに。まあどうでもいいけど！　誤った判断をして、映画を台無しにしてくれて、ありがとう。さようなら。）

Interviewer: Wait, Joey! You didn't need to come down because the director saw your tape from yesterday and loved it.
（待って、ジョーイ。あなたが来る必要がなかったのは、監督が昨日のオーディションのビデオを見てすごく気に入ったからよ。）

［『フレンズ』シーズン7エピソード19］

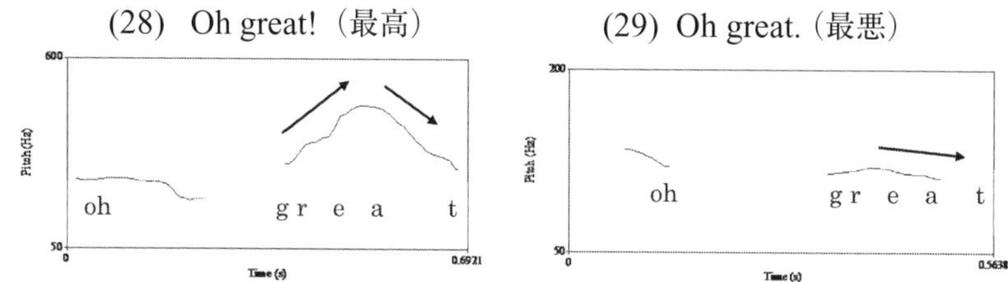

(28) のOh great!では、友人が何かパフォーマンスをしてくれると聞いて興奮気味に応答しています。驚きと喜びがgreatのピッチの急激な上昇に現れています。一方、(29) のOh greatでは、怒りと落胆が平坦で徐々に下降するピッチに表れています。このように、同じ文であっても、イントネーションによって聞き手が受け取るメッセージは異なります。仮に上の会話文の中で (28) のOh great!を (29) のように平坦で徐々に下降するピッチで言ったとしたら、聞き手は「え？どうしたの？」と困惑するでしょう。逆に (29) のOh greatを (28) のようにピッチを急に上昇させて言ったとしたら、文脈から話者が喜んでいるとは考えにくいため、これも不自然です。それどころか、greatのピッチを極端に上げれば、わざと正反対のことを言って相手を不快にさせる強烈な嫌みとして伝わることでしょう。

最後にもう１つ『フレンズ』から例を見てみましょう。

(30) **Chandler**: (To Joey) Oh, listen, the usher gave me this to give to you.
（(ジョーイに向かって）ちょっと、劇場の案内人がお前にって、これをくれたよ。）

Rachel: What is it?
（なにそれ。）

Joey: The Estelle Leonard Talent Agency. Wow, an agency left me its card! Maybe they want to sign me!
（「エステル・レオナルド芸能プロダクション」だって。おお！芸能プロダクションが俺に名刺を残してくれたんだ。契約できるかも。）

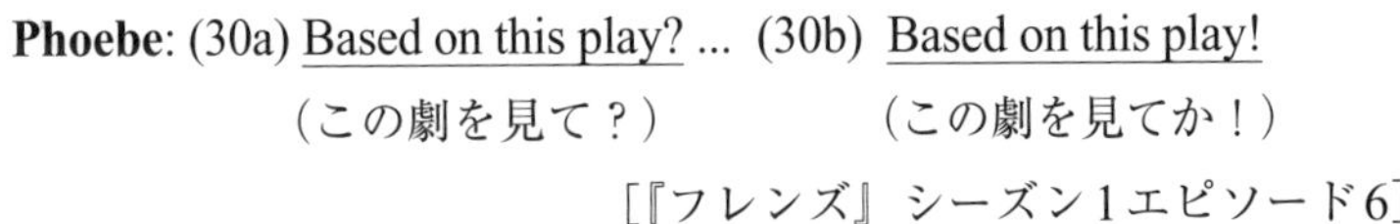

Phoebe: (30a) Based on this play? ...　(30b) Based on this play!
（この劇を見て？）　　　　（この劇を見てか！）
［『フレンズ』シーズン1エピソード6］

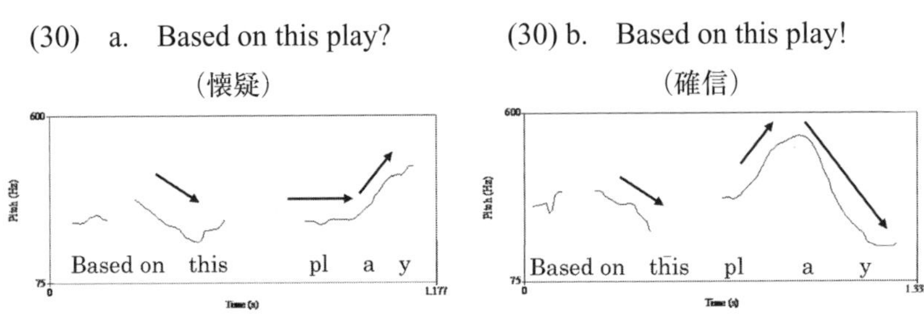

(30)　a.　Based on this play?（懐疑）　　(30) b.　Based on this play!（確信）

俳優になることを目指しているJoeyに芸能プロダクションの人が名刺を置いていったということでJoeyが有頂天になっていたところ、Phoebeが不快感を露わにして (30a) Based on this play?を発します。「あんなひどい劇を観た後で芸能プロダクションの人が名刺を置いていくなんて納得いかないし信じられない」といったところでしょうか。playのピッチが始めはほぼ平坦で、その後急上昇しています。Phoebeは、それを言った直後に、さすがに言い過ぎたと思ったのか、イントネーションを変えて (30b) Based on this play!と言い直します。on thisで下降したイントネーションはplayの始めの部分で一気に上昇し、その後急に下降しています。すると同じ語の連結であるbased on this playが、今度は「なるほど、この劇を観てJoeyのことを気に入ってくれたのね」という意味に一転します。

このように、イントネーションには話者の様々な感情や意図が織り込まれています。平叙文やWH疑問文では文末が下降調になる、という基本の規則をただ覚えるのではなく、会話におけるイントネーションの役割に意識を向けることも大切です。イントネーションを意識して映画やドラマを観ると、会話の駆け引きなど新たな発見があるかもしれません。

以上、この第4章では、第1章から引き続いて音声学の理論を述べました。次の第5章では理論を実践に移す方法について詳しく述べます。

第5章　音声学―理論から実践へ―

発音は、理論を知った上で、地道な練習を重ねて、体で覚えていかなければ身につきません。そこで、この章では、発音に関する知識を実践で活かし、パフォーマンスの向上に結びつけるための方法を提案します。具体的には、英語の歌と海外ドラマを使ったアクティビティとレシテーションを活用する方法で、長尾（筆者）が大学で実践していることです。5.3 〜 5.5では大学生による実際のパフォーマンスの例も載せています。スマートフォンで音声を確認できますので、本文と合わせて参考にしてください。

www.9640.jp/books_862/

5.1　モチベーションの向上

個々の音素が単語レベルあるいは文レベルではどのような音として発せられるか、また文強勢やリズムがどのように機能しているのかというのは、言葉で説明してもなかなか理解できません。英語の歌を聴き、聞こえたとおりに口ずさむというアクティビティを繰り返せば、説明するとややこしい規則であっても実際に体感することで深く理解できるのではないでしょうか。英語の歌は教材用に作成されたわけではありません。そのため、学習者に配慮して単語１つ１つをはっきり発音するということはなく、同化、連結、脱落などの音変化も豊富です。内容語を強くゆっくりと発音し、機能語を弱く速く発音するといった英語の特徴も、聴いて真似ることで自然と感覚が掴めてくるでしょう。

もし、帯気を伴う/t/（[tʰ]）がどんな音なのかいまひとつピンと来ないという場合は、フランス人のセシル・コルベルが歌うArrietty's Song［映画『借りぐらしのアリエッティ』の主題歌］を聞けば、きっと「そうか、この音のことか」と納得できるでしょう。この曲の歌詞は日本語なのですが、/t/の音がほとんどすべて[tʰ]で発音されています。日本語を母語とする人が耳にすると、この[tʰ]の音が突出して聞こえるのです。

英語の歌を楽しく学ぶことで学習のモチベーションを向上させる効果も期待できます。「英語は苦手だけど洋楽は好き」という人は多いようで、洋楽が英語に興味を持つきっかけとなることも珍しいことではありません。またパソコンや携帯からYouTubeにアクセスすれば、どんな曲でもすぐに聴くことができるという手軽さも教材としての魅力の1つです。好きな曲であれば、繰り返し聴いても苦にならないでしょうから、授業外でも継続して練習できるというメリットもあります。英語を学ぶことで、海外の文化や芸術に触れて驚いたり感動したり楽しい気持ちになるという経験をすれば、きっと英語がより身近な存在になるでしょう。また、曲によっては文法事項の理解を深めるための教材にもなります。例えばエリック・クラプトンのTears in Heavenであれば、仮定法過去の用法に慣れるという学習目標に活用することもできます。この曲には仮定法過去の文がいくつも登場します。歌い出しでは、不慮の事故で亡くなった息子へWould you know my name, if I saw you in Heaven?と問いかけるのです。これほど心を打たれ、強く印象に残る例文はなかなかありません。

5.2 教材として使える英語の歌

英語の歌を活用する場合、まず大事なのは音声を聞き分けることです。「聞こえてくるこの音はあの音素の実現形だ」「あ、ここで音変化している」とわからなければ、歌は単なる雑音でしかなくなってしまいます。そこで、曲を何度もじっくり聴いて歌詞を聴き取ります。次に、自身の発音を向上させるために、繰り返し口真似をするという作業も必要になります。こういった活動には、ゆったりとしたテンポで、語彙も比較的簡単で、歌詞が聴き取りやすい曲が適しています。この節では、中学の英語教科書にも載っているChange the Worldという曲を例にとって述べます。

Change the Worldは日本の若者にとってなじみ深い曲であることに加えて、テンポもゆっくりで歌詞もシンプルなので、個々の音素や音変化を学ぶのに適しています。長尾は大学で、歌詞を注意深く聴かせるためのアクティビティの１つとして穴埋めを行います。学生全員が教室でスマートフォンやタブレットを使ってYouTubeにアクセスできる環境があるので、学生は各自で何度も聴き取りを行い、全部穴が埋まったらプリントを見せに来るように指示します。聴き取れない箇所は人それぞれなので、学生は、個人ベースで学習することで、効率よく能動的に取り組めます。誰が最初にすべての空欄を埋められるか競うのも楽しいです。

では、どの単語を空欄にするかですが、聴き取れる喜びを体感してほしいのであれば、はっきりと発音されていて比較的聴き取りやすい内容語を選ぶべきでしょう。あるいは、難易度が高くなりますが、機能語の弱形を意識させたいのであれば、弱形で発音されている機能語を空欄にするという方法もあります。また、文法事項や会話表現が学習目標であれば、そういったところを空欄にすれば、そこを注意深く聞こうとするはずです。

例として、語尾の摩擦音を意識させるために語尾に摩擦音を含む単語を空欄にしてみます。空欄にする箇所は括弧で示します。

Change the World

If I could reach the (stars)（もし星に手が届くのなら）
Pull one down for you,（君のために１つ取って）
Shine it on my heart（僕の心を照らすんだ）
So you could see the (truth)（僕の本当の気持ちが君に見えるように）
That this love I have inside（僕の内に秘める君への愛が）
Is everything it (seems).（すべてだということを）
But for now I find（でも今の時点では）

It's only in my (dreams).（単なる夢物語さ）
And I can change the world,（世界を変えることができるのなら）
I will be the sunlight in your (universe).
（僕は君の宇宙の太陽になろう）
You would think my love was really something good,
（僕の君への愛が素晴らしいものだって思ってくれるだろう）
Baby if I could change the world.
（もしも世界を変えることができたなら）

[Eric Clapton "Change the World"[1]]

空欄のstars /stɑː(r)z/、turth /truːθ/、seems /siːmz/、dreams /driːmz/、universe /juːnəvəː(r)s/ はすべて語尾が摩擦音です。強勢の置かれた母音と比べると、発音に費やされるエネルギーも時間も少なく、あまり目立ちませんが、正確に歌詞を聴き取るために重要です。語尾の子音が閉鎖音の場合は、止めた気息を破裂させずに止めたまま（無開放音）にする場合が多いので（☞3.1）聴き取れなくて当然ということもあるでしょう。しかし、語尾の子音が摩擦音の場合は、基本的に発音されます。声が小さくて聴き取りづらい場合もありますが、語尾に意識を集中させれば、聴き取れます。

このように語尾の摩擦音に注意して聴き取り練習を行うことで、これらの音を認識する力が付くことはもちろんですが、もう1つ、この練習は発音の向上という嬉しい結果にもつながります。日本人がこの曲を歌う際に、これらの語尾の摩擦音を発音しないことがよくありますが、それでは歌詞の意味が変わったり、意味をなさなくなったりしてしまいます。例えば、truth

---

1 CHANGE THE WORLD
Words & Music by Tommy Sims/Gordon Kennedy/Wayne Kirkpatrick

を語尾の /θ/ を省略して [tru:] と発音すれば、当然ながら truth ではなく true に聞こえてしまいます。微妙な音の違いを認識することは、微妙な音の違いを言い分けることにつながります。それができれば、聞き手に歌詞が正確に伝わり、より英語らしく聞こえます。

聴き取りの話に戻ると、音素を認識させる他にも、同化、連結、脱落などの音変化に気づかせるには、音変化が起こっている箇所を空欄にして、聞こえたとおりカタカナで表記させるのも効果的です。空欄にする箇所は括弧で示します。

Change the World

(If I) could reach the stars
①（イファィ）ク　リーチザ　スターズ
Pull one down for you
プゥワン　ダウン　フォ　ユー
(Shine it) on my heart
②（シャイニ）オン　マィ　ハーア
So you could see the truth
ソユク　スィー　ザ　トゥルース
That this (love I have inside)
ザンディス　③（ラヴァイ　ハヴィンサーイ）

①は、If /ɪf/ と I /aɪ/ がつながるので [ɪfaɪ]（イファィ）のように聞こえます。②は Shine /ʃaɪn/ と it /ɪt/ がつながり、さらに最後の /t/ が無開放音になっているので [ʃaɪnɪt˺]（シャイニ）と聞こえます。③は、love /lʌv/ と I /aɪ/ がつながり [lʌvaɪ]（ラヴァイ）と発音され、have /həv/ と inside /ɪnsaɪd/ がつながり [həvɪnsaɪd˺]（ハヴィンサーイ）と発音されるので、その 2 つを合わせると「ラヴァイ　ハヴィンサーイ」のように聞こえます。なぜそのように聞こえるのか解説を加える際は、長尾は「無開放音の /t/」を「寸止めの /t/」などと名付けて説明するなど、なるべく専門用語を避けるようにしています。

空欄を英語で埋めるのではなくカタカナで埋めることの利点は、「この単語はこう発音されるはずだ」というような先入観に惑わされることなく、聞こえたとおり素直に表記することができるということです。それゆえに英語の習熟度に関係なく誰でも空欄を埋めることができるのも利点の1つです。耳で聞こえている音を日本語に変換してみて歌うと案外それらしく聞こえるものです。カタカナでの表記の仕方に個人差があるので、正解不正解はありません。ただし、英語の母音の数は日本語の母音の2倍以上ですし、子音も日本語には無い音がいくつもあるので、カタカナでは表しきれない時もあります。そのためカタカナで表記するアクティビティは発音を学習する過程の初期段階、つまり注意深く聴くという段階では効果的だと考えますが、次のステップとしては、やはり日本語に無い音素をどのように発音するのか、1つ1つ確認していく必要があります。

具体的にどのような音に注意すべきなのか、Change the Worldの前半部分を例に示します。

Change the World

/ɪf/と/aɪ/を繋げて[ɪfaɪ]（イファィ）と発音する。/f/は上の前歯と下唇を付けて息を出す。

/ɑː/の後で/r/を発音するとアメリカ英語風で、/r/を発音しないとイギリス英語風になる。

If I could reach the stars　（イファィ　ク　リーチザ　スターズ）

/z/を最後に忘れずに発音する。

/ð/は舌先を上の前歯に付けて声を出す。

語頭の/r/は口笛を吹く時のように唇を丸める。さらに舌先を後ろに反らせて発音する。

弱形で[kəd˺]と発音する。

/ʊ/は舌と唇をリラックスさせ、唇を少し丸めて「う」と言う。若干「お」に近い音。

上の前歯と下唇を付けて息を出す。

Pull one down for you　（プゥワン　ダウン　フォ　ユー）

語頭に来る破裂音は帯気を伴う。舌先を上の前歯の歯茎に付けて[dʰ]と強く破裂させる。

/ʃaɪn/と/ɪt/を繋げて[ʃaɪnɪt˺]（シャイニッ）と発音する。

この/t/は破裂させず寸止め([t˺])。

Shine it on my heart　（シャイニ　オン　マィ　ハーア）

/hɑː/の後で/r/を発音するとアメリカ英語風に、/r/を発音しないとイギリス英語風になる。最後の/t/は破裂させず寸止め([t˺])。

弱形で[kədˀ]と発音する。
/θ/は舌先で上の前歯の先端を軽く触り息を出す。

So you could see the truth　（ソユク　スィー　ザ　トゥルース）

/ð/は舌先で上の前歯の先端を軽く触り声を出す。
/siː/（スィー）が[ʃiː]（シー）にならないように注意。

/ð/は舌先で上の前歯の先端を軽く触り声を出す。
/lʌv/と/aɪ/を繋げて[lʌvaɪ]（ラヴァイ）と発音する。
/həv/と/ɪnsaɪd/を繋げて[həvɪnsaɪdˀ]（ハヴィンサーイ）と発音する。

That this love I have inside　（ザンディス　ラヴァイ　ハヴィンサーイ）

最後の/d/は破裂させず寸止め([dˀ])。
/v/は上の前歯を下唇に軽く触れて声を出す。
/l/は舌の先を上の前歯裏にしっかりつけて声を出す。
/t/を破裂させずに、声を鼻から出すと[n]の音になる。

/z/と/evriθɪŋ/と/ɪt/を繋げて[zevriθɪŋɪtˀ]（ゼェヴリスィンギ）と発音する。最後の/t/は破裂させず寸止め([tˀ])。

Is everything it seems.　（ゼェヴリスィン ギ スィームズ）

最後の/z/も忘れずに発音する。
/siː/（スィー）が[ʃiː]（シー）にならないように注意。
/θ/は舌先で上の前歯の先端を軽く触って息を出す。
/v/は上の前歯を下唇に軽く触れて声を出す。
/ɪ/は発音しない。

最後の/t/は破裂させず寸止め([tˀ])。

But for now I find　（バッフォー　ナウアイ　ファイン）

最後の/d/は破裂させず寸止め([dˀ])。
/f/は上の前歯と下唇を付けて息を出す。

/ɪ/は発音しない。
It'sとonlyを繋げて[tsoʊnli]（ツオゥンリ）と発音する。また、onlyは/oʊ/（オウ）という二重母音を含むので注意。

It's only in my dreams.　（ツオゥンリ　イン　マイドリームズ）

最後の/z/も忘れずに発音する。
「い」と「え」の中間の音を出すようにする(/ɪ/)。
/l/は舌の先を上の前歯裏にしっかりつけて声を出す。

弱形で[n]と発音する。
弱形で[k(ə)n]（クン）と発音する。
/r/は舌先を後ろに反らせて発音し、その後/l/は舌の先を上の前歯裏にしっかりとつけて声を出す。

And I can change the world,（ンアイクン　チェイエイエイジ　ザワール）

最後の/d/は破裂させず寸止め([dˀ])。
口笛を吹く時のように唇を丸めて発音する。
舌先で上の前歯の先端を軽く触って声を出す。

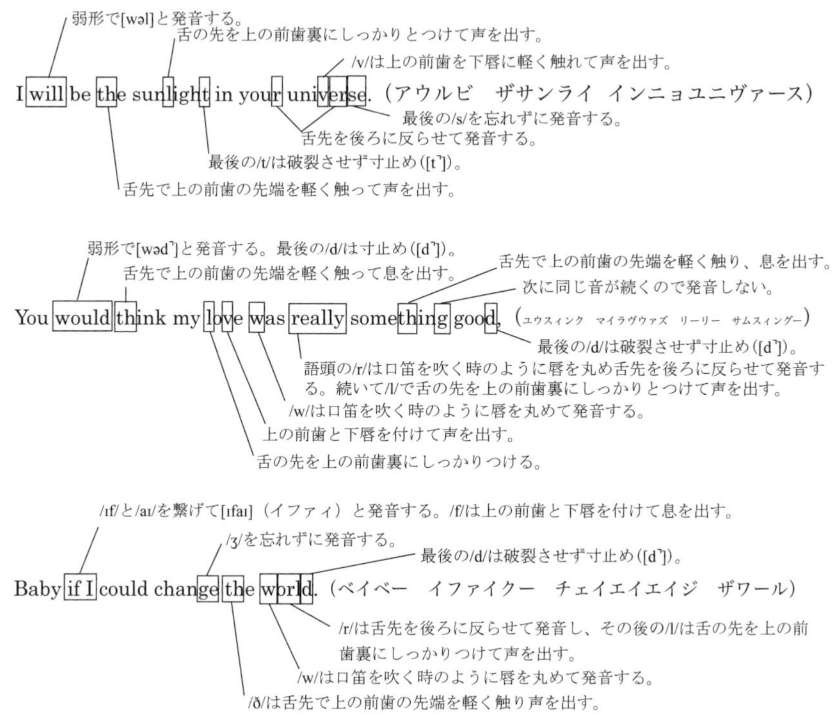

5.3 リズムの習得に適した曲

Change the Worldは個々の音素や音変化を何度も聴いて口真似をするというアクティビティに適していましたが、英語のリズムの学習にはラップの曲が適しています。曲を何度も聴いて真似て、強形と弱形の頻出パターン、つまり英語のリズムをマスターしなければ決して上手には歌えません。スピードが速い曲も多く難易度は高めですが、アクティビティを工夫すれば楽しく学べます。ラップは、非標準的な文法事項が出てくることもありますし、中には教育現場にふさわしくない俗語を含んだものもありますので、選曲が難しいのが難点です。そんな中で長尾が大学の授業で使っているのがパラッパラッパーという、音楽に合わせてボタンを押してラップするというテレビゲームに登場する曲です。歌詞の内容は子ども向けで、挑発的な俗語は一切含んでいません。初級レベルであれば、Stage 2のYou Guys Sit in the Back、中級レベルであればStage 4のGuaranteed to Catch Her Heartが良いでしょう。ビートを刻むドラム音は「ドン」または「パッ」などの擬音で示します。歌詞をリズミカルに乗せるためにはこの位置を意識することが大切です。

Parappa the Rapper Stage 2: You Guys Sit in the Back

ドン　ドン
Step on the gas!（アクセル踏んで）

ドン　ドン
Step on the brakes!（ブレーキ踏んで）

ドン　ドン　ドン　ドン
Check and turn the signals to the right!
（安全確認して右ウインカーを点けて！）

ドン　ドン　ドン　ドン
Step on the gas, now turn to the left!
（アクセルを踏んで、左に曲がって！）

ドン　ドン　ドン
Do I know why we stopped the car?
（なんで車を止めたかわかってるかって？）

ドン　ドン　ドン　ドン
You forgot to close the door（あなたがドアを閉め忘れたのね）

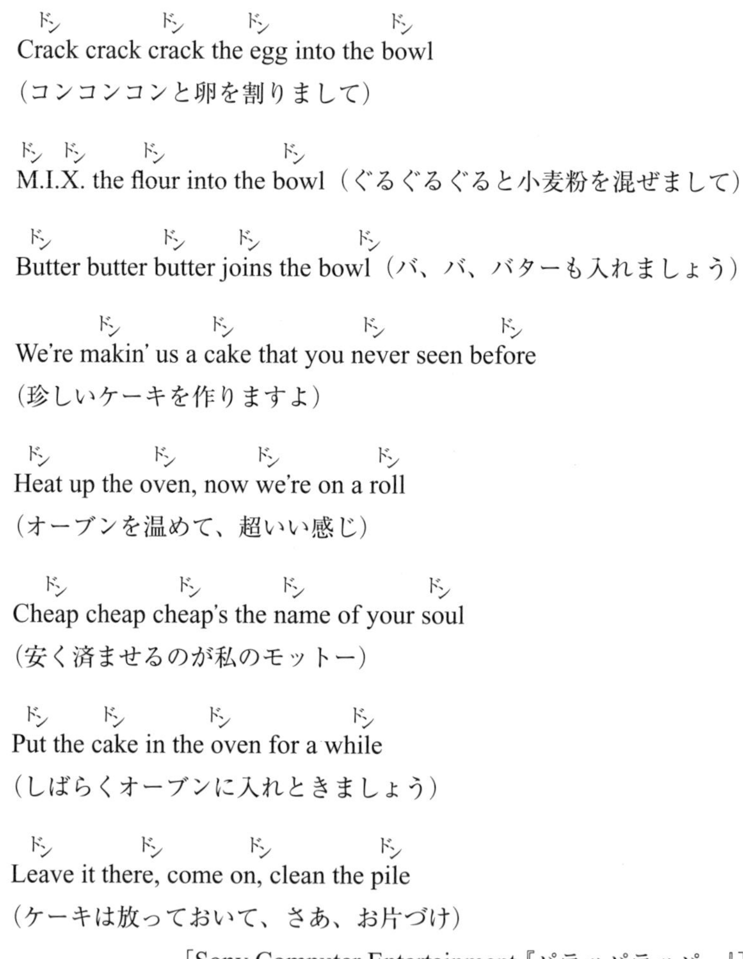

Parappa the Rapper Stage 4: Guaranteed to Catch Her Heart

ドン　ドン　ドン　ドン
Crack crack crack the egg into the bowl
（コンコンコンと卵を割りまして）

ドン　ドン　ドン　ドン
M.I.X. the flour into the bowl（ぐるぐるぐると小麦粉を混ぜまして）

ドン　ドン　ドン　ドン
Butter butter butter joins the bowl（バ、バ、バターも入れましょう）

ドン　ドン　ドン　ドン
We're makin' us a cake that you never seen before
（珍しいケーキを作りますよ）

ドン　ドン　ドン　ドン
Heat up the oven, now we're on a roll
（オーブンを温めて、超いい感じ）

ドン　ドン　ドン　ドン
Cheap cheap cheap's the name of your soul
（安く済ませるのが私のモットー）

ドン　ドン　ドン　ドン
Put the cake in the oven for a while
（しばらくオーブンに入れときましょう）

ドン　ドン　ドン　ドン
Leave it there, come on, clean the pile
（ケーキは放っておいて、さあ、お片づけ）

［Sony Computer Entertainment『パラッパラッパー』］

Stage 2のYou Guys Sit in the Backはほとんどの場合、内容語の強勢にドラムのビート音がぴったりと重なっているため、それほど難しくありません。ちなみに最後のYou forgot to close the doorのyouが強調されて歌われているのは、「私じゃなくてあなたがドアを閉め忘れたからか」という対比の意味が込められているからです。Stage 4 の Guaranteed to Catch Her Heart の場合、リズミカルに発音するのは容易ではありません。文強勢を持つ内容語にドラムのビート音が置かれているのですが、若干ずれている箇所が複数あるので、何度も聞いて感覚を掴む必要があります。

ラップではないのですが、クイーンの We Will Rock You も、リズムに乗せて英語を歌うという点で、パラッパラッパーと同じぐらいチャレンジする甲斐があります。知名度が高いので、学生は取り組みやすいようです。

We Will Rock You

ドン　ドン　パッ　ドン ドン
Buddy you're a boy make a big noise（お前は大騒ぎして）

パッ　ドン ドン　パッ　ドン ドン　パッ
Playing in the street gonna be a big man some day
（道端で遊んでいる少年だ、いつかは大物になるんだろ）

ドン ドン　パッ
You've got mud on your face（顔に泥が付いてるぞ）

ドン ドン パッ
Big disgrace（みっともない）

ドン　ドン パッ　ドン　ドン パッ
Kicking your can all over the place（あちこちで缶カラを蹴って）

Singin'（歌ってら）

ドンドン パッ ドンドン パッ ドン　ドン パッ
We will we will rock you（「お前たちを揺さぶってやるぞ」ってな）

[Queen "We Will Rock You"[2]]

---

2 WE WILL ROCK YOU
Brian May

上で紹介した曲以外にも、上級者であれば、映画『8 Mile』の主題歌、エミネムのLose YourselfのChorus（サビ）の部分(1:38〜2:00)や、キーシャのShots on the Hood of my Carのラップ部分(0:32〜0:50)、レッド・ホット・チリペッパーズのDani CaliforniaのAメロ(0:15〜0:56)なども英語のリズムの練習に適しています。

5.4 海外ドラマを使ったイントネーションの習得

5.2と5.3では、英語の歌が、個々の音素や音変化、そしてリズムを学習する際に有用であることを述べました。しかし、歌にはそもそもメロディーがあるので、イントネーションの学習には向いていません。自然なイントネーションを学ぶには、会話やスピーチの音声モデルを聞く必要があります。何度も繰り返し聞ける音声モデルさえあれば、どんな英文を活用してもいいですが、ここでは、『フレンズ』の1シーンを例として示します。海外ドラマのイントネーションに注目すると、英語のイントネーションが、平叙文の文末は下降し、yes/no疑問文の文末は上昇する、といった単純なものではないことに気づきます。このシーンは短いダイアローグの中に様々なイントネーションパターンを含んでおり、しっかりとオチもあるので、楽しく練習できます。

まずは使用するダイアローグの中で、特に注意しなければならない音素がある箇所に下線を引きました。

[Scene: At an International Airport in New York]

1. **Rachel**: Ooh, ooh, ooh. Hi.（おっとっと、ハーイ）
2. **Agent**: Hel<u>l</u>o.（ハロー）
3. **Rachel**: Hel<u>l</u>o. Umm, <u>w</u>hen is your next <u>fl</u>ight to <u>L</u>ondon?
(ハロー、次のロンドン行きの便はいつですか。)
4. **Agent**: <u>Th</u>ere's one <u>l</u>ea<u>v</u>ing in <u>th</u>irty minutes.
(30分後に出発する便がありますよ。)

5. **Rachel**: Ohh, good.（ああ、良かった。）

6. **Agent**: And I do have one seat left.（1 席空きがあります。）

7. **Rachel**: Ohh, thank you, thank you, thank you.
（わあ、ありがとうございます。）

8. **Agent**: The last minute fare on this ticket is twenty seven hundred dollars.
（出発直前ということでチケットの料金は2,700ドルです。）

9. **Rachel**: Ohh, I just don't think I have enough left on my credit card.
（クレジットカードの利用可能残高が十分にないと思うのですが。）

10. **Agent**: Well, you can split it with another credit card.
（別のクレジットを使って支払いを分けることもできますよ。）

11. **Rachel**: Ohh, okay, how about, how about five? Ohh, thank you.
（では、5 枚使ってもいいですか。ありがとうございます。）

12. **Agent**: I'm just going to need to see your passport.
（パスポートをお願いします。）

13. **Rachel**: Okay, you know what? I-I don't have it, but I can tell you exactly where it is on my night stand. But you know what? Okay, I have my- I have my driver's license. And I have a twenty.
（えっとですね、持ってないんですよ。でも、家のベッドテーブルの上のどこにあるのか言えますよ。では、これならどうでしょう。運転免許証と20ドル札です。）

［『フレンズ』シーズン4エピソード24］

下線を引いた箇所は、/v/ や /ð/、/l/ などの日本語には無い子音と、/s/ や /z/ などの日本語にはあっても、次に来る母音によっては誤って他の音で発音してしまいがちな子音です（☞1.4, 1.5）。6 行目の seat を /síːt/（スィ）ではなく /ʃíːt/（シ）と発音したり、8 行目の ticket を /tíkət/（ティ）ではなく /tʃíkət/（チ）と発音したり、9 行目と 10 行目の credit を /krέdɪt/（ディ）ではなく/krέʒɪt/（ジ）と発音したりする誤りは頻繁に耳にします。

次に、肝心のイントネーションですが、これは、音調曲線を意識しながら音声を繰り返し聞いて真似をするという地道な作業が必要となります。音調曲線とはイントネーションを曲線の形で表したものです。音調曲線を作成するには、始めに、それぞれのセリフの中で、ピッチが高い単語を丸で囲んでもいいでしょう。次に、音調曲線をダイアローグの上に書き加え、聴覚だけではなく視覚でもイントネーションを把握します。音調曲線はあくまで補足的な役割ですので、音声が無いと意味がありません。モデルとなる音声を何度も繰り返し聞ける環境が望ましいです。そこはICTを活用するのもいいでしょう。モデルとなる音声を繰り返し聞いて真似をする際に、まずはイントネーションに集中するため、英単語は一切使わず、「ん～ん～んん」や「ダダ～ダ～ダ」などとイントネーションだけを真似するとわかりやすいです。また、ICTを活用し、音程を変えずに再生スピードを遅くして再生すると、イントネーションが細部まで手に取るようにわかります。

上のダイアローグに音調曲線を付記してイントネーションを示すと次のようになります。音調曲線は、音声の分析を行うためのPraatというソフトを使って生成しました。

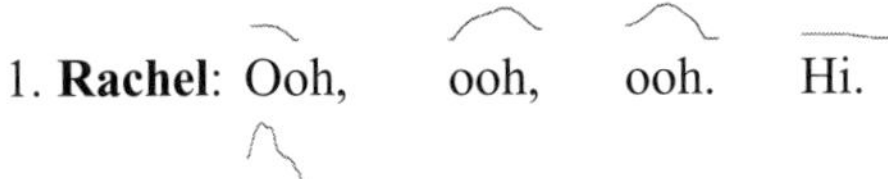

1. **Rachel**: Ooh, ooh, ooh. Hi.

2. **Agent**: Hello.
（Heはできるだけ高く、lloで下降させてそのまま伸ばす。）

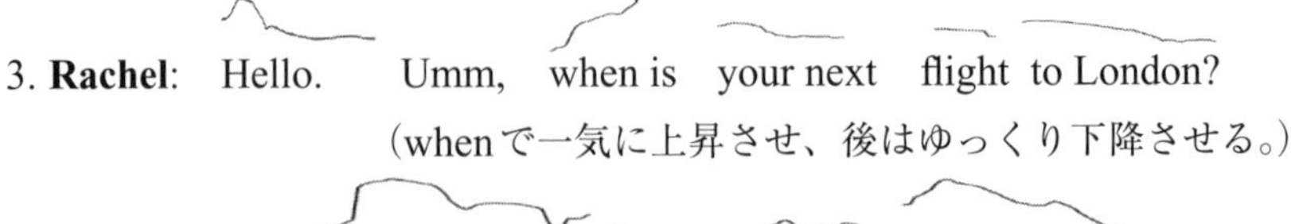

3. **Rachel**: Hello. Umm, when is your next flight to London?
（whenで一気に上昇させ、後はゆっくり下降させる。）

4. **Agent**: There's o n e leaving in t h i rty m i n u t es.
（oneで一気に上昇させ、leaving inは徐々に下降、thirtyでまた上昇させ、-nutesで下げる。）

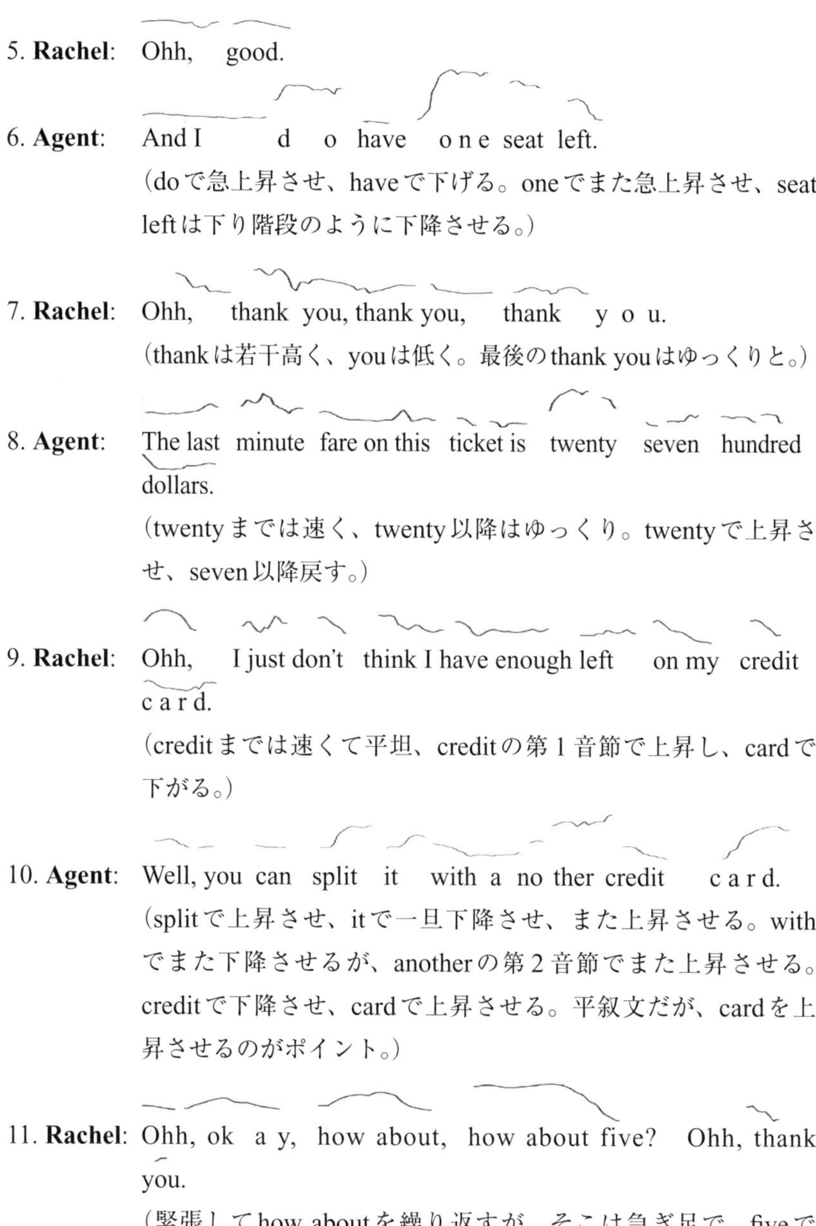

5. **Rachel**: Ohh, good.

6. **Agent**: And I d o have o n e seat left.
（doで急上昇させ、haveで下げる。oneでまた急上昇させ、seat leftは下り階段のように下降させる。）

7. **Rachel**: Ohh, thank you, thank you, thank y o u.
（thankは若干高く、youは低く。最後のthank youはゆっくりと。）

8. **Agent**: The last minute fare on this ticket is twenty seven hundred dollars.
（twentyまでは速く、twenty以降はゆっくり。twentyで上昇させ、seven以降戻す。）

9. **Rachel**: Ohh, I just don't think I have enough left on my credit c a r d.
（creditまでは速くて平坦、creditの第1音節で上昇し、cardで下がる。）

10. **Agent**: Well, you can split it with a no ther credit c a r d.
（splitで上昇させ、itで一旦下降させ、また上昇させる。withでまた下降させるが、anotherの第2音節でまた上昇させる。creditで下降させ、cardで上昇させる。平叙文だが、cardを上昇させるのがポイント。）

11. **Rachel**: Ohh, ok a y, how about, how about five? Ohh, thank you.
（緊張してhow aboutを繰り返すが、そこは急ぎ足で。fiveでしっかり下降させる。)

12. **Agent**: I'm just going to need to see your p a ss port.
(passportまでは速く、passportはゆっくり。justで上昇させ、toで一旦下がるが、高いままキープ。passportのportで下降させる。)

13. **Rachel**: Okay, you know what? I- I d o n' t h a ve it,
(youもknowも低く保ち、whatで急上昇させる。Iは低く、don'tで軽く上昇させhave itも高いままで。)

But I can tell you e x a c tly where it is

on my night stand,
(exactlyを高く大きな声で。night standは徐々に上昇させる。)

But you know what?
(youもknowも低く保ち、whatで上昇させる)

O kay, I have my- I have my d r i v e r' s li cense.
(I have myは速く、driver's licenseはゆっくり。diver's licenseは上り階段のようの徐々に上昇させる。)

And I have a twen ty.
(andはゆっくり上昇させる。aで一旦下げ、twenで高くし、tyで下げる。a twentyは非常にゆっくりと発する。)

学生の練習を聞いていると、you know what?を、低・低・高ではなく、高・低・高と発音してしまうケースが目立ちます。また、10行目のitや

cardのように、１つの単語内でピッチが変わる部分も苦戦します。また、6行目のone seat leftの下り階段のように徐々に下降していくイントネーションや、13行目のdriver's licenseの上り階段のように徐々に上昇していくイントネーションもすぐにはできるようにはなりません。イントネーションは、本人はできているつもりでも、案外できていないことが多いのが難しいところです。

5.5　発音を総合的に鍛えるレシテーション

一般的に**レシテーション**(recitation)とは、聴衆を前にして英語を暗唱することを意味します。長尾の勤務する岐阜聖徳（しょうとく）学園大学外国語学部では毎年、「英語レシテーションコンテスト」を開催しています。このコンテストでは、学生たちが、英語の物語、スピーチ、映画の１シーン、TED Talks[3]などから、2分間程度の英文を暗唱して、発音の習熟度や抑揚の適切性を競います。ボディランゲージも評価の対象となります。審査基準は次の３つです。

・Is s/he accurately pronouncing English sounds?
（英語の音を正確に発音しているか。）
・Is s/he speaking with natural patterns of stress, intonation, and rhythm?
（自然な強勢、イントネーション、リズムで話しているか。）
・Is s/he looking up, not down? Is s/he using proper and effective gestures?
（下を向かず、前を見て話しているか。適切で効果的なジェスチャーを使っているか。）

審査基準を見てわかるとおり、この英語レシテーションコンテストは「発音

[3] TED Talksとは、ideas worth spreading（広める価値のあるアイディア）というスローガンのもと、様々な分野の著名な人物が行う講演のことで、講演会の様子は無料で動画配信されています(www.ted.com)。

コンテスト」といっても過言ではありません。

弁論大会やプレゼンテーション大会など様々な英語コンテストがある中で、レシテーションコンテストの最大の特徴は、自然な英語発音を身につけるための英語音声学の実践である、ということです。モデルとなる音声もスクリプトも初めから存在するため、参加希望者は自分だけで練習することが可能です。教師にとっても、モデルの音声と学習者の音声を比較できるので、指導は決して難しくありません。なお、コンテストの様子はYouTubeで「聖徳　レシテーション」で検索すれば視聴できます。

レシテーションでは、憧れの俳優のスピーチや、好きな映画のセリフを暗唱するわけですから、たとえ練習が長時間になっても、学習者はそれほど苦に感じません。練習する過程で、自分がまだできていない発音と真摯に向き合い、克服することができたなら、その経験は、かけがえのない一生の宝物となるでしょう。

Part II

文 法

第6章　文法以前の知識

この章では、英文法を理解するにあたって文法以前に知っているべきことについて述べます。それは理に適った発話を行うために必要な論理的思考法（6.1 ～ 6.3）であったり、人と人の円滑なコミュニケーションのために必要な社会の規則（6.4）であったり、英語と限らず日本語で考えたり話したりする時にも不可欠な知識です。

6.1　情報構造の原則と文法

英語の**文**を習う時はたいてい最初に、I'm Susan Baker、I'm Eri Saito、I'm Mike Smith など、自分の名前を言う文を習います。このように、多くの教科書が I（私）を主語にした I'm ... の文で始めるのには何か理由があるのでしょうか。文法の観点から見ると、これらは第 2 **文型**すなわち SVC 文型にあたります。なぜ第 1 文型でなく第 2 文型から始めるのか、不思議ではないでしょうか。

◉ 情報構造

これらの疑問に答えるために、**情報構造**という原則について説明します。情報構造は、「**トピック・コメント**構造を守れ」「トピックを文頭に置くべし」という原則です。言い換えれば「既知のことについて未知のことを述べよ」という原則です。情報構造はコミュニケーションの基本形であり、実は日本語話者である私たちも自然に心得ていることです。この意味で、多くの英語教科書がこの基本形から始めていることは理に適ったことなのです。ちなみに、トピックを「旧情報」、コメントを「新情報」とも言います。

どの人にとっても一番のトピックは自分自身ですから、自分のことを相手に知ってもらいたくて、まずI'm ... と自己紹介します。相手が目の前にいる時には、Iが誰を指すのかは相手にとっても既知の情報ですから、文頭に置きやすいわけです。時にはトピックを変えて、You're... 、This is... など「何がどうだ」ということを述べることもあるでしょう。これらも情報構造に合った形です。

情報構造は、文より大きな**文脈**の中で特に強力に働いています。例えば、トラックが暴走しているのをある人が見かけたとします。その先には大きな木が立っていました。あとで、その人が訊きました。

(1)　What happened to the truck?（トラックはどうなりましたか？）

この問はトラックについて訊いているので、応答ではトラックがトピックになります。そこでトピックを文頭に置いてこう答えます。

(2)　It hit the tree.（木にぶつかった。）　［トピックが文頭、SVO］

ちなみに文頭は主語の位置であることが多く、ここでもItはトピックであると同時に主語でもあります。また、この文は能動態でSVO文型という、英文法の基本を守った形です（☞第 7 章）。しかし、上の質問への応答として次のように言うことは許されません（アスタリスク「*」は非文の印です）。

(3)　* The tree was hit by it.［トピックが文頭に来ておらず、SVOでもない］

この文では、トピックであるトラックが文頭に来ておらず、英文法の基本にも逆らって受動態が選ばれているからです。

これらの例は、**英文法の基本は能動態である**、ということを示唆しています。この基本を外すための条件はいくつかありますが、中でも「トピックを文頭に置くべし」という情報構造は、強い条件になります（☞第10章）。例えば次の質問を見てください。

(4)　What happened to the tree?（木はどうなりましたか？）

この質問に対する応答文は2つあります。

(5)　It was hit by the truck.（トラックにぶつかられた。）［トピックが文頭］
(6)　The truck hit it.（トラックがぶつかった。）［SVO］

(5)が受動態になっています。これにより、トピックである木がちゃんと文頭に来ました。一方、(6)はトラックを主語とするSVO文型になっています。木は、トピックなのに文頭に来ていません。(6)を言った話者は、情報構造の原則よりも文法を優先させて、英文法の基本である能動態を実現することを選択したのです。こういう場合、どちらを選ぶかは話者の自由です。

上の例は、文法のほうが情報構造より「強い」ことを示唆しています。まず、(5)で情報構造を守るためには、あらかじめ文法が受動態という形式を持っている必要があります。つまり文法が情報構造を可能にしているのです。ちなみに、受動態は情報構造だけでなく他の理由でも必要な形式です。次に(6)からは、英文法の基本が守られていれば、情報構造に違反してトピックでないものを主語に立てていいとわかります。文法は強いです。

ではトピックと主語はどう違うのかといえば、トピックは談話や会話に属するものであり、主語は文に属します。しかし、トピックは主語になりやすく、主語はトピック性を帯びる、という関係があり、厳密に区別するのは困難です。オーストラリアの言語学者ディクソン（R.M.W. Dixon）は、SVOなど他動文の主語になる名詞句には主語になりやすいものとそうでないものがあると言います。

① I
② you
③ Maryなど人の固有名詞
④ that old manやmy friendなど特定の人
⑤ boysなど不特定の人

この①～⑤の順で主語になりやすく、無生物のan ice creamなどは主語になりにくい、として、ディクソンはこの順序を「指示の階層」と呼んでいます。しかし実はこれは、主語になりやすい順序であると同時に、話者にとって関心の大きい順序であり、したがって、トピックになりやすい順序でもあります。だから例えば、不特定の少年を主語にしたA boy kicked Mary（男の子がメアリーを蹴った）よりも、トピック性の強い、特定の人の固有名詞を主語にした受動文Mary was kicked by a boyのほうが自然な感じがして、よく言われるのです。

◉ 文型

ここまでで、先のI'm Susan Bakerなど第 2 文型の文が英語学習の早い段階で登場するのはなぜか、という問への答えは明らかになりました。答えは「情報構造」でした。

情報構造が英語を超えた一般的な原則であるのに対して、文型は英文法の概念です。詳しくは第 7 章を見てください。ここでは、**英語話者は情報構造と英文法という 2 種類の規則に縛られる**、とだけ言っておきます。先のトラックと木の例でも見たように、情報構造と英文法が衝突する時には、話者は自分で、どちらの規則を優先させるか決めることになります。

6.2 話者と主語

I'm Susan Bakerでは**主語**は**話者**と同一でしたが、Are you Eri Saito?やThis is a nice pictureでは、主語は話者と同一ではありません。普段、英語の文を見ても話者を意識することはあまりないかもしれませんが、例えばareやisなど動詞の時制を決めているのは、主語ではなく話者です。また、これらの文の内容は現実のことなので話者が直説法を選びました。このように、文中に登場しなくても、話者は文に参加しています。

話者は、youやthisと呼ばれるもののすぐ近くにいます。Is that an amusement park?などthatで呼ばれるものからは少し離れたところにいるはずです。6.1で、情報構造と文法のどちらを優先するかを決めたのも話者でした。何を主語にするか、どんな動詞を選ぶか、単文を連ねるか重文や複文で言うか、強調構文を使うか、等々も、全部、話者が決めることです。陰になり日なたになり、話者は文を支えています。

あるとき、中学へ教育実習に行った学生が、生徒から「副詞の中で、easilyは文の途中によく出て、sometimesは文の始めによく出るのはなぜですか」と質問されたそうです。この質問への答えは主語と話者にあります。次の例文を見てください。

(7) They can get around easily in San Francisco.
(彼らはサンフランシスコの地理に精通していて楽々と動き回れる。)

(7)で、easilyはget aroundする時の主語の様子を表し、基本的に動詞の後に置かれます。このように動詞を修飾する副詞を**様態副詞**と呼びます。

一方、sometimesは話者からのメッセージです。

(8) Sometimes, they walk around Fisherman's Whorf.
(時にはフィッシャーマンズ・ウォーフを散歩する。)

(8) の sometimes は、「彼らがフィッシャーマンズ・ウォーフを散歩する」という出来事について、話者が「これは時々起きることだ」と判断し補足していることを伝えます。このように sometimes は主語ではなく話者に直属する副詞で、**文副詞**と呼びます。文副詞は文頭に置くことができます。話者は文の前にいて、文全体を管理しているというイメージです。

先ほどの中学生の質問には、「easily は動詞の内容を補っていて動詞との結びつきが強いから動詞の近くに来る。sometimes は文全体について述べていて文との結びつきが強いから文の先頭部分に来る」と答えることができます。しかし本書の読者のみなさんには、さらに一歩進んで、様態副詞は主語の様子を表し、文副詞は話者からのメッセージを表すということもわかっていただけたことでしょう。

ちなみに、はっきりと「動詞の後」「文頭」と言わず、曖昧に「動詞の近く」「文の先頭部分」とする理由は、easily を動詞の前に置いて They can easily get around in San Francisco と言ったり、sometimes を主語の後に置いて They sometimes walk around Fisherman's Whorf と言ったりすることもあるからです。このように、副詞の用法は一筋縄ではいきません（☞ 9.3）。

文副詞の他に must、may、can など法助動詞も、主語ではなく話者に直属することがあります（☞ 10.3）。また、冠詞の用法を理解するにも、その前提として話者の概念が必要になります（☞ 11.1）。

6.3　レベルの分離―音素・形態素・語・句・節・文―

I'm Susan Baker に続いて、次の文を見てみましょう。

(9)　That's Jennifer.
(10)　She's a good table tennis player.

どちらも「○○は××である」という意味ですが、××にあたるのが (9) では Jennifer、(10) では a good table tennis player という長いフレーズ、**句**

です。**語**だけを見ると、ここには名詞、冠詞、形容詞と様々な品詞がありますが、文の構造の観点からは、Jenniferは名詞句、a good table tennis playerも名詞句で、どちらもSVC文のC（補語）として働いています。1語か5語かの違いはあっても文中の機能は同じで、その知識こそが英文理解の鍵になります。

人間の言語はミツバチのダンスなどと違って、小さな単位を組み合わせて大きな単位を作り上げるという特徴を持っています。最小の言語単位はPart Iで見た音素です。次は**形態素**で、形態素は「意味を持つ最小の言語単位」と定義されています。その上に語、句、節、文があります。ちなみに形態素は意味を持つ最小の言語単位ではありますが、例えばpatとbatの意味の違いは/p/と/b/という音素の違いから生じます。このため、最小の言語単位は音素になります。また、音素、形態素、語、句、節、文という単位は文法の観点から見たものであり、音声の観点からは、音素の次に音節という単位があり、音調群というイントネーション上の単位もあります（☞1.3、4.3）。

レベルの違いを意識することは文を理解するにも有用です。例えば (9) と (10) はこうなります。

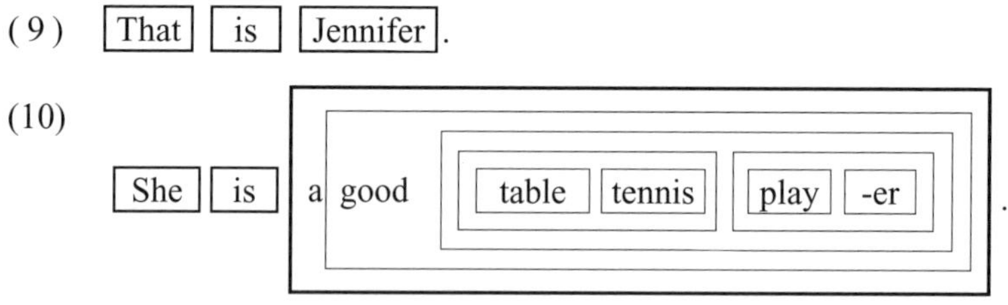

(9) も (10) も、大きく3つの部分から成っていて、その1つずつが句です。

小さい単位から順に見ていきましょう。音素についてはPart Iで述べたので略します。形態素には、単独で現れる**自由形態素**すなわち語と、単独では現れない**拘束形態素**があり、本書では便宜上、拘束形態素のみを形態素と呼ぶことにします。例えば (10) のplayerは、playという語と-er（〜するもの）

という形態素を組み合わせた**合成語**です。このように語の中に形態素が 1 つ以上含まれるものを合成語と呼びます。smog (= smoke + fog)、brunch (= breakfast + lunch) など、語の一部分どうしを合わせたものは**混成語**です。

(10) ではまた、table と tennis から table tennis（卓球）という**複合語**ができます。このように 2 つ以上の語を組み合わせてできた語が複合語です。この table tennis が player を修飾し、good が付き、さらに a が付くと、a good table tennis player という名詞句ができます。

(9)	That	is	Jennifer.
	代名詞	be動詞	(固有)名詞
	名詞句		名詞句
	主語		補語

(10)	She	is	a	good	table	tennis	player.
	代名詞	be動詞	(不定)冠詞	形容詞	(普通)名詞	(普通)名詞	(普通)名詞
	名詞句		名詞句				
	主語		補語				

こうして見ると、文が成立するためには句が不可欠であるとわかります。

動詞については、主語について述べている部分つまり文から主語を除いた**述語**と呼ばれる部分を動詞句とみなす考えと、述語から目的語や補語を除いた部分を動詞句とする考えがあります。本書では後者に即しています。

主語と述語を備えた形式が**節**で、節をそのまま文にすることもできます。上の (9) も (10) も、1 つの節から成る**単文**です。

レベルの違いを知り、線的に並んだ語の列に構造を認めること、特に句を認識することが、文を理解する上でのキーポイントです。句の中には、文の構成要素として不可欠なものと、そうでないものがありますが（☞7.2）、ここでは、**文は句から成る**ということだけ強調しておきます。

6.4 語用論

6.3で見たように、文法が記述の対象とする最大の言語単位は**文**です。このため本書のPart II第7章以降では文を中心にして語りますが、この6.4では文より大きな塊を中心にして話します。

20世紀に、音素から始めて文の記述にまで達した言語学者たちは、次の目標となるべきレベルを**談話**としました。文は段落を構成し、段落は談話を構成するという考えのもとに談話の構造が追究されたのですが、思わしい成果が得られず、研究は停滞していました。そんなとき、1970年代に入って突然、社会学者のグループを中心に**会話**の研究が激発したのです。会話は社会的な**交替の原則**に従って行われるという彼らの主張は新鮮で、言語学者たちもこの新しい社会的な視点から言語を見るようになり、瞬く間に**語用論**という新たな研究分野が成立しました。

◉ 談話標識

会話という大きな文脈で言語を観察すると、これまで見えなかったことがいろいろ見えてきました。その1つに**談話標識**があります。ある語、句、または文が本来の意味とは別に会話に独特の意味を発達させたとき、この会話的な形式を談話標識と呼びます。語用論が発達した経緯を考えると「会話標識」と呼ぶべきなのですが、語用論は言語学の下位分野であることから、言語学の用語で呼ばれるようになりました。

談話標識の研究はsort ofの発見を契機に盛り上がりました。sort ofについては後で述べることにして、例えば次の会話を見てください。

(11) Sabrina: ①Excuse me. I want a dozen eggs and a pack of all-purpose flour, please.
店　員: Is that all?
Sabrina: Yes.

店　員：②OK. Five hundred and eighty yen, please.
Sabrina:　Here you are.

Excuse meは本来「私を許してください」という意味ですが、①では会話に独特の「ちょっとすみません」など、相手の注意を喚起する意味で使われています。口論する時などに「何てことを言うの」「何ですって？」という意味でExcuse me?と上昇調で言うこともあります。これらは、相手の存在を前提とする会話ならではの用法です。

このExcuse meと似て非なるものがPardon (me)です。pardonも本来は「許す」という意味ですが、会話では「もう一度言ってください」という意味の談話標識として働きます。本来の意味のほうは「特赦する」「赦免する」という法律用語に特化した観があり、この意味でのPardon meは「ご無礼します」のようなフォーマルな響きがあります。日常的な場面ではI'm sorryや、本来の意味でのExcuse meのほうがよく使われます。

②のOKは本来、Oh, no. I'm late!—It's OK. It's Sundayなど「大丈夫」という意味ですが、上の会話では「はい、聞きましたよ」という相づちになっています。この他にもOKは談話の始まりや締めくくりを標示するのに使われ、欧米では教師がOK（はい、それでは）と言って授業を始めることがよくあります。こういう文脈では、日本語の「はい」も「それでは」も談話標識です。

Can you help me with tomorrow's homework?—SureではSure（いいとも）と歯切れよく応じることができましたが、あいにく手伝ってあげられない時には、少なくとも大人の会話では、談話標識の出番になります。Well, I'm sort of busy today, you know, because my cousin is visiting from out of town...など、長々と言い訳をする時の、well（う～ん、え～っと）、sort of（ちょっと）、you know（あの～、その～）は、言葉を濁すための談話標識です。このうちwellは、話者が何らかの理由で即答できなくて慎重になっている時に使われます。sort ofは本来a sort of（一種の…）/all sorts of（あらゆる種類の…）などとして名詞の前に置きますが、談話標識としては無冠詞で、主に副詞として用います。Did you like the movie?—Sort of（まあね）など、主語も動詞も略して言うこともあります。談話標識としてのsort ofは、言い切りを避けて意味を曖昧にする**緩和表現**なのです。短くSureと快諾することができない時はこうやって、あまり意味のない言葉を連ね、言わなくてもいい個人的な理由まで持ち出して弁解し、手間をかけて断ります。まるで談話標識のバリアで身を守っているかのようです。

会話を分析することにより、会話が単に文を連ねただけのものではなく、話者と聞き手の人間関係というデリケートな要素を含む複雑な現象であることがわかりました。

◉ 体面欲求と隣接対

英語をきれいに発音できて、文法に合った英文が書けても、コミュニケーションが円滑にできるとは限りません。会話は、言語の知識だけではなく高度な社会性をも必要とする活動だからです。会話では、少なくとも、交替の原則を守り、**体面欲求**、つまり自分と相手の体面を保ちたい気持ちに配慮する必要があります。

もう一度、先の会話を見てください。

(11) Sabrina: ①Excuse me. I want a dozen eggs and a pack of all-purpose flour, please. ―― 要請
店　員: ②Is that all? ―― 質問
Sabrina: ③Yes. ―― 応答
店　員: ④OK. Five hundred and eighty yen, please. ―― 応答＋要請
Sabrina: ⑤Here you are. ―― 応答

サブリナと店員は交替で話しています。相手の言葉に適切に対応し、**協調的**に会話を進めています。その中で要請と応答の**隣接対**が２つ、質問と応答の隣接対が１つできました。このように、相手の言葉を受け止め、必要に応じて質問を挟みながら、社会的に望ましい隣接対を作って会話することが

円滑なコミュニケーションの「こつ」です。上の④で店員が、サブリナの応答③に対してさらにOKと応答しているのも、相手の体面を考慮して丁寧であろうとした結果です。別の例ではThanks—It's nothingも同じです。こちらは謝辞に対して否認で応えています。どれも文法以前の、会話の常識に則った発話行為です。

依頼を断る時に個人的な事情まで話して弁解するのも、そうやって自分のプライバシーをさらし、自らを弱い立場に置くことで相手の立場を相対的に強くするのが狙いです。もともと「依頼－応諾」という望ましい隣接対を作ることができず相手の体面を傷つけてしまったので、それを相殺したいという気持ちがあるのでしょう。それにしても、場面ごとに、望ましい応答は何か、ウソにならない範囲でどのように耳触り良く答えるか、どうやって互いの体面を保つか、等々、会話の常識は奥が深そうです。

◉ 文の種類と発話行為

発話行為は会話に属する概念であり、文の種類ではありません。文の種類は文法に属する概念です。

通常、文には**平叙文**、**疑問文**、**命令文**、**感嘆文**の 4 種類があるとされます。平叙文が基本的に「主語・述語」の形式を取るのに対し、あとの3つはそれぞれに、この形式に違反することで成り立ちます。このような特異な形式には名称を与え、相互に区別するのが便利です。ちなみに、肯定文と否定文は 4 種類の文のすべてに現れます。

(12)　Is that a wolf?
(13)　Where is the restroom?
(14)　Excuse me.
(15)　Don't pick the flower.
(16)　What a clever idea (it is)!
(17)　How wonderful (it is)!

(12) と (13) は疑問文の例で、主語が文頭の位置を他の語に譲るという由々しきことが起きています。(14) と (15) は命令文の例で、主語が省略され、動詞が原形に戻っています。こういった文頭のドラマから、疑問文や命令文を耳にする聞き手は早々に、それが尋常の平叙文ではないことに気づくことができます。

(16) と (17) は感嘆文です。疑問詞のwhatやhowで文が始まり、SVC文型がCSVの語順に変更されています。ただし、倒置（☞7.3）は起きていません。感嘆文は独特の音調を伴うため、耳で聞く場合はすぐにそれとわかることでしょう。

◉ 文の意味と発話の意味

これら4種類の文は基本的に、各々、陳述、質問、命令、感嘆を行うための形式です。しかし現実の社会生活では、話者たちは4種類の文を使いまわして、会話の中で様々な発話行為を実践します。次の文は有名です。

(18) Can you pass the salt?

(18) は疑問文で、文字どおりの意味は「塩を取れますか」ですが、これが食卓で発せられ、塩のビンが話者の近くになく、聞き手の手の届くところにあるならば、これを要請の発話行為と判断して「はい、どうぞ」と塩を渡してあげるのが常識人というものです。つまり (18) は疑問文の形を取った要請の発話行為なのです。

Who knows?（知らないよ）、Is the Pope catholic?（言うまでもない）、Do you think that money just grows on trees?（お金が木に成るわけじゃあるまいし）など**修辞疑問文**も、質問をしているわけではなく、話者が意図する意味を聞き手自身に考えさせようとするものであり、陳述や説教の類だと言えます。他にも4種類の文が文脈に応じて様々な発話行為に用いられます。

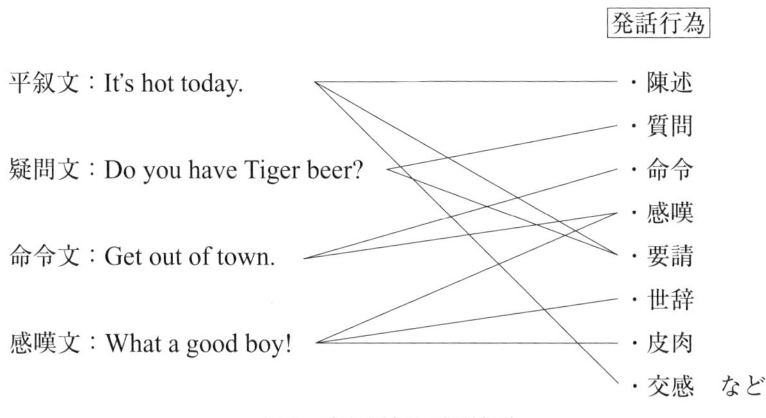

図1　文の種類と発話行為

図1のIt's hot todayは単に天気について報告をしているのかもしれず、クーラーをつけてほしいという**含意**があるのかもしれません。あるいは挨拶として発して感情を交換したいのかもしれません。Do you have Tiger beer? は純然たる質問かもしれず、タイガービールをくださいという客からの要請かもしれません。Get out of townは映画*Back to the Future*で、若き日の父親に会ったマーティが「小説を書いているなんて、おやじ、すごいな」と感嘆して発した言葉です。場面によっては文字どおりの「町から出ていけ」という命令として解釈することもできます。What a good boy! も本当に感心しているとは限らず、お世辞かもしれず、皮肉かもしれません。たいていの場合、表情や音調などが解釈のヒントになり、特殊な意味が込められている時には抑揚が通常よりも大げさになったり平坦になったりします（☞4.3)。

文の種類は4つですが、発話行為は上の他にも警告、約束、申し出、招待、脅し、等々があり、社会生活の複雑さに応じた多様性を示します。

◉ 会話の含意

(19)　If the weather is fine, let's play baseball.

この文は「天気が良ければ野球をしよう」と言っていますが、では天気が悪ければ野球はしないのでしょうか。論理的に考えると、上の文は天気が悪い場合に言及していないので、野球はするかもしれないし、しないかもしれません。しかし語用論的には「天気が悪ければ野球はしないだろう」と受け止めるのが自然です。そうでなければ、わざわざ「天気が良ければ」と言う必要がありません。

言語を使う時には「こんなことを言うからには」と考えて言葉の意味を解釈します。上の例では言語だけを見て解釈できましたが、会話ではよく、言語外の知識に基づいて大いに論理を飛躍させることになります。

(20) A: What time is it?（今、何時？）
B: The milkman just came.（たった今、牛乳配達が来たよ。）

この会話で、Bの変な応答は、牛乳配達の人がいつも朝6時頃来る、などという背景知識を共有していれば意味をもちます。このような、会話を取りまく状況から伝わる意味を**会話の含意**と言い、これが会話ではとても重要になってきます。

(21) A: Mrs. Smith is an old bag.（スミス先生ってクソババアでさあ。）
B: The weather is quite delightful today.
（今日はホント気持ちのいい天気だ。）

AとBは生徒でしょうか。Aがこんなことを言うからには、先生に叱られたか、何かあったのかもしれませんが、ここでは生徒Bに焦点を絞りましょう。Bの言葉は、**文字どおりの意味**で解釈するとAの愚痴（?）への応答になっていません。しかし「こんなことを言うからには」と思って含意を探ると、「人の悪口に興味ないよ」という意思表示かもしれませんし、もしかしたらスミス先生がすぐ近くにいて「今はマズイよ」という警告かもしれないのです！

会話の含意が体面を脅かすこともあります。車のタイヤがパンクして知人が困っているとき、近寄ってYou need my help?と言えば、誰でも「ああ、助けてくれるんだ」と思うことでしょう。それが会話の含意というもので、I'll help youと明言したのと同じくらいの拘束力を持つはずです。そんなことを言っておいてスタスタ立ち去ってしまったら、これはもう人間性を疑いたくなるひどい仕打ちで、相手の体面はズタズタになってしまいます。

第7章　文の構造

これ以降は英文法の体系に的を絞って述べます。先に6.1で、情報構造で言うところのトピックを文頭に置いたI'm Susan Bakerなどは文法的にはSVC文型であることを見ました。これを受けて、この第7章では文型およびその他の構文について解説します。

7.1　文型─「SVO ± 1」の体系─

私たちが学校で学ぶ英文法は、19世紀にイギリスで体系化された**伝統文法**を基にしています。それ以前に本格的な英語の文法書はなく、言語学者たちはラテン語の文法を参考にして英語の文法を記述しました。それが伝統文法です。方法論としては厳密さに欠けますが、実際には役に立ちました。伝統文法は新たな知見を取り入れながら現代に引き継がれて、英語学の研究法の1つになっています。

◉ 7文型説

文型[1]について見ると、従来の伝統文法が5文型を提唱していたため、今でも学校の教科書は一般的に5文型説をとっていますが、現代の英語学で

1 本書では、諸々の構文のうち特に頻繁に用いられるものを慣例に従って「文型」と呼びますが、構文と文型の境界は曖昧で、すべてを「構文」で統一することも可能です。

は5文型にSVAとSVOAを加えた7文型説が主流になっています。Aは Adverbial Complement（**副詞的補語**）の略で、主に副詞句や前置詞句で表されます。伝統的に認められてきたSVCやSVOCのC（Complement、**補語**）のほうは、基本的に名詞句や形容詞句です[2]。

文型について考えるために、まずは5文型の例を見てください。

SV　　（第1文型）：I sing/ I study hard/ She cheers for her home team.
SVC　 （第2文型）：The apple is delicious/ You're a great cook/ He's my uncle/ You look happy.
SVO　 （第3文型）：I play baseball/ I have a headache.
SVOO（第4文型）：I'll show you some pictures/ I will give Gregg a book.
SVOC（第5文型）：We call it the Atomic Bomb Dome/ This makes us sad.

では次の(1)～(6)は上のどの文型に分類されるでしょうか。下線部に注目してください。

(1)　He's <u>from Thailand</u>.
(2)　The colors come <u>from trees and plants</u>.
(3)　I'm <u>in the first picture</u>.
(4)　We take it <u>home</u>.
(5)　Boys, I'll put this key <u>over here</u>.
(6)　Ken's host family always takes him <u>to interesting places</u>.

伝統的な分類では、副詞句や前置詞句は文型には無関係とされて、(1)～(3)はSV、(4)～(6)はSVOに分類されますが、下線部がないと文として不完全であったり意味が変わってしまったりします。そこで従来のCを拡大解釈して(1)～(3)をSVC、(4)～(6)をSVOCに含めてしまうことが

[2] 使役構文のHe makes people <u>laugh</u>や知覚構文のI saw him <u>cry</u>などをSVOC文型とみなせば、原形不定詞もSVOCのCに含まれます。

考えられます。しかし現代の英語学では、上の(1)〜(3)はSVA、(4)〜(6)はSVOAとする見方が主流になっています。Cが主に身分や性質を表すのに対して、Aは主に空間での位置や動きを表すという違いがあるからです。

◉ 文型の意味

言語は人間が作ったものですから、どの言語も語彙と文法の両面でその言語の話者たちの価値観や世界観を反映しています。さらに言えば、話者たちが特に注目しぜひ表したいと思う内容は、文型など文法の中心的な項目に確実に反映しています。そう思って英語の7つの文型を観察すると、SVO文型を中心とする、ある全体像が見えてきます。「SVO ± 1の体系」です。

では、SVOという文型はどんな内容つまり意味を表し、その他の文型とどのように関連しているのでしょうか。ヒントは英語の歴史にあります。

◉ 発想の基本としてのSVO

5世紀に成立した**古英語**では、**格**—主語か目的語か—を単語の語尾変化で標示しており、そのため語順は比較的に自由でした。しかし11世紀に始まる**中英語**の時代から語尾が消え始め、15世紀以降の**近代英語**では属格[3]を除いてほとんど消えてしまいました[4]。格の情報は代わりに語順が担うようになり、それと同時に、文頭に来る名詞句は主語であり、しかも主語は基本的に人間だという考えが定着したのです。このように英語の文が人間中心になった現象を**人称化**と言います。

人称化によって、英語は能動性と他動性を強める結果になりました。例えばlikeという動詞はもともと「〜が…にとって好ましい」という自動詞の意味で用いられており、*Apples［主格］like the king［与格[5]］（リンゴが王

---

[3] 属格とは「〜の」を表す格で、所有格とも言います。

[4] 格標示は代名詞では残存しています。数標示も、その多くが消えましたが、名詞だけは現在も数を表します。性は完全に消え、自然性（生物学上の性）で理解されるようになっています。

[5] 与格とは「〜に」を表す格です。与格動詞は他動詞ではなく一種の自動詞とみなされていました。

様にとって好ましい）に相当する古英語ではapplesが主語でしたが、語尾が消えるにつれて、The king likes apples（王様がリンゴを好む）という現代の語順に変わりました（アスタリスク「*」は非文の印です）。これはthe kingを主語とする他動詞文です。この文には、あたかも王様のほうから積極的にリンゴに愛着を寄せているようなニュアンスがありますが、その理由はSVOという文型にあります。

典型的なSVO文では、主語Sは意思を持って対象に働きかける人間であり、目的語Oは主語の行為の影響を被って状態変化するものです。このようなSを**動作主**、目的語を**被動者**と言います。この時のVは当然ながら**動態動詞**です。英語は「**誰かが何かをどうかした**」という因果関係を、原因から結果まで見通して述べようとする言語であり、それを最も簡潔な形でパターン化したのがSVO文型です。

「典型」という言葉が示唆するように、文型の意味をよく表す文もあれば、そうでない文もあります。例えばSnow White ate the appleやTom opened the doorはSVO文型の典型例、いわゆる**プロトタイプ**です。John moved the tableも、テーブルが位置変化を被っており、典型例と呼べるでしょう。こういった典型的なSVO文で使われる動態動詞は、命令文で使われたり、進行形になったり、受動態で現れたりして英文法の中で活躍しています。The typhoon destroyed the bridgeやThe news surprised Maryも、主語に意思はないものの強い原因性があり、SVO文型の意味をよく表す文と言えます。一方、**状態動詞**を使ったI know the secret、Mary resembles her motherなどはSVOの形式を借りただけの文で、knowやresembleは命令文にも進行形にも受動態にもなりません。先のThe king likes applesも使い勝手の悪い周縁的なSVO文です。

◉ SVOの前半と後半

先のTom opened the doorのopenedは他動詞で、トムがドアを開けたという行為と、ドアが開いたという状態変化の両方を表します。つまりSVO文型の前半は行為を、後半は状態変化を表します。これは他動詞ならではの業であり、自動詞ではこうはいきません。SV文型の文を見ると、自動詞には2種類あることがわかります。

する型自動詞の文：I was walking in the park/ I study hard/
The actor smiled/ She cheers for her home team/
He lectured on globalization.
なる型自動詞の文：The door opened/ The ship sank/ The soup cooled/
The tree died/ He was trembling/
Dinosaurs have disappeared.

これらはSVOから要素を1つ差し引いた「SVO－1」にあたるSV文型の文であり、SVO文型の前半と後半の意味を分業して、**する型SV**文は行為を、**なる型SV**文は状態変化を表しています。なる型SVのSつまり主語は、SVOのOつまり目的語のような性質を持っている、というのは現代英語学の大発見の1つです。

実際に母語話者たちが2種類の自動詞の違いを意識している証拠はいろいろあります。例えば、する型自動詞だけがI had a walkなど軽動詞構文[6]で名詞に姿を変えて登場します。軽動詞構文は、ちょっとやってみた、好奇心を満たした、という楽しい感じを伴うのが特徴で、他にはLet's have a swim、I took a look around the houseなどがあります。また、する型自動詞だけがHe was laughed at by his classmatesなど受動態で用いられます。さらに、する型自動詞が動名詞として用いられる時はsmiling by the actorまたはsmiling of the actorなど、byとofのどちらも可能ですが、なる型自動詞はopening of the door、sinking of the shipなど、ofしか使えません。なる型の場合、何らかの原因によって開くドアや沈んでいく船には意思がないため、動作主を標示するbyは使えないのです。

---

[6] 「haveやtake＋a＋する型自動詞」の形式。

◉ SVOO

物の授受は人にとって重要なことのようで、英語にも授受を表すための特別な文型があります。「**誰かが誰かに何かを与える**」という因果関係では受け手を想定する必要があるため、SVOに要素を1つ足してSVOO文型を作りました。I'll show you some picturesなどで、間接目的語youは意識して受け取りを行う（この場合は写真を見る）人であり、いわば主語と協力して事態を成立させる人です。

◉ SVCとSVOC

SVC文は、なる型自動詞に補語Cを付け足した「SVO − 1 + 1」文型の文であり、CはSの**様態**について述べます。You're goodからgoodを取り去ると*You'reという非文になってしまうことからも、goodは不可欠です。

SVOC文型のCはOの様態について述べます。SVO文This saddens usが結果に焦点を合わせるのに対して、「SVO + 1」のSVOC文This makes us sadは、「Sがどうする」という原因と「Oがどうなる」という結果に焦点を分散させます。

◉ SVAとSVOA

SVCとSVOCのCが各々、SとOの様態を表すのに対して、SVA文I'm from ThailandとSVOA文We take it homeのAは方向など空間関係[7]を表します。ちなみに、I'm fond of my parentsなどをSVCAとする8文型説もありますが、この考えでは補語Cがさらに補語Aを取ることになってしまいます。ここはSVCでことを収めたいところです。

SVOを中心とする文型の全体像を図1に、各文型の意味と例文を表1にまとめました。

---

[7] Aを単に不可欠の副詞句とみなして、They treated me wellなどをSVOAに含める研究者もいます。

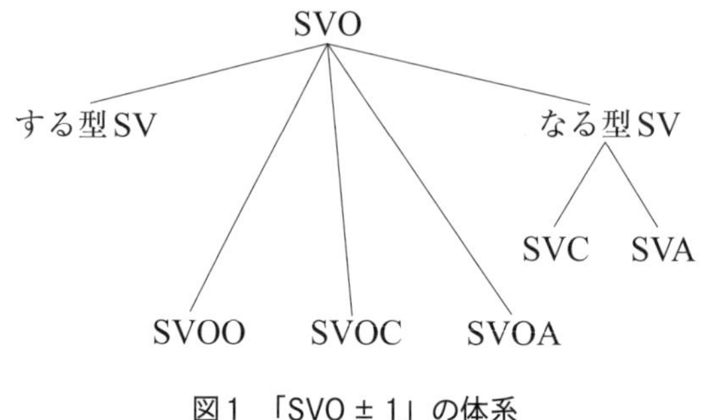

図1 「SVO ± 1」の体系

表1 7文型の意味と例文

文型	SVOとの関係	文型の意味	例文
SVO		誰が何をどうする	Mary ate the apple.
SV	SVO − 1	①誰がどうする ②何[誰]がどうなる	He swam to the shore. The ship sank.
SVC	SVO − 1 + 1	何[誰]がどうだ	I'm happy. He grew angry.
SVA	SVO − 1 + 1	何[誰]がどこにいる	The key is in the drawer.
SVOO	SVO + 1	誰が誰に何を与える	I gave her the money.
SVOC	SVO + 1	誰がどうして何[誰]がどうなる	You make me happy.
SVOA	SVO + 1	誰が何をどこに移動させる	I put the key in the drawer.

表1が示すように、英語は変化や移動の因果関係に注目し、それらの因果関係を文型で表します。5文型説と7文型説のどちらが正しいかは別にして、「SVO ± 1」の原則に従って事態を分類し表現する仕組みが英文法に備わっていることは確かです。

7.2 文要素と修飾語

英文を読む時には、語彙の知識はもちろんのこと、文型の知識を駆使して、当該の文が成立するために必要な要素つまり**文要素**を見極めることが肝要です。次に、**修飾語**は文要素のどれかに依存するはずなので、その修飾関係も見定めます。

(7)　He's in the music club.

(8)　I play soccer at school every day.

(9)　We ate the honey in the pot.

(7) は文要素he、is、in ...から成るSVA文です。(8) と (9) はSVO文で、(8) のat school every dayはplayを修飾します。(9) のin the potは、the honeyを修飾して「つぼの中のハチミツ」と解釈するのが穏当ですが、場合によってはateを修飾すると見て「つぼの中で食べた」も可能でしょう。そういうことは文より大きな文脈から判断します。

文脈を追って情景をイメージしながら読めば、次のような文章で困ることもありません。

(10)　So bridges connect the trees. People walk ①from tree to tree ②on the bridges. This is good for the rainforests. It protects the trees and the ground ③around them.　（高橋他 2014: 107）

(10) は、木々の間に吊り橋を架けて、その空中の橋を渡り歩く様子を描写した文章です。第２文はpeopleとwalkという文要素から成るSV文で、①と②はどちらもwalkを修飾します。第４文は、it、protects、the trees and the groundから成るSVO文で、③はthe groundだけを修飾します。文脈を考慮せず安易に③がthe trees and the groundを修飾すると考えると、読解は無残な失敗に終わることでしょう。

同格表現は修飾語とは趣を異にしますが、which isを省略したSVC文型の関係詞節と見れば、修飾先が見えてきます。

(11)　I am from El Salvador, a small country in Central America.

(12)　Taiwan, Japan's island nation neighbor to the south, is a good example.
（日本の南方にある島国である隣国、台湾が良い例です。）

(11) はI、am、from El Salvadorという文要素から成るSVA文です。(12) はSVC文で、Taiwan、is、an exampleから成ります。Taiwanと同格の長い挿入句の中を見ると、Japan's、island nation、to the southがそれぞれにneighborを修飾する関係にあります。

◉ 文要素の省略

同格の場合の関係詞節だけでなく、不定詞、分詞、動名詞の回りでも文要素[8]が省略され、文型が隠れています。次の (13) ~ (15) の下線部を見てください。

(13) So, I want to be a pro gamer. I have a lot of things to learn.

(14) ... he went on to become one of the world's greatest violinists.

(15) ...we are first motivated to meet basic needs for things like food, water, and safety. We then move on to ever-higher levels, the top one being our need to unlock our full potential. (Bennett 2015: 46)
(我々はまず、食べ物、水、安全といった基本的な欲求を満たそうという気が起きる。次に、より高い次元に向かっていき、最も高いのは自分の才能を最大限に引き出したいという欲求だ。)

(13) と (14) の下線部には各々、SVC (I am a pro gamer)、SVO (I learn a lot of things)、SVC (I become one of ...)が埋め込まれています。しかし、自明のことは省略するほうが文の外見がすっきりするのです。(15) の分詞構文にはSVC (The top one is our need) と SVO (we unlock our full potential)が入れ子式に埋め込まれています。

[8] 厳密には文ではなく節を構成する要素ですが、ここでは区別せず「文要素」と呼んでいます。

7.3　特殊構文と文型

受動態、強調構文、倒置、withの付帯状況の構文などでも、文型は省略されたり変形したりして見えにくくなります。文型を復元した上で、その構文ならではの意味を味わうことも重要です。受動態については第 8 章に回すこととして、その他の構文の例を見てみましょう。

◉ 強調構文

次の 3 つの文は、どれも「私」が肥満に悩んでいることを述べています。

(16)　a.　Obesity worries me the most.
　　　　（肥満が私の最大の悩みです。）
　　　b.　It is obesity that worries me the most.
　　　　（私の最大の悩みは肥満です。）
　　　c.　What worries me the most is obesity.
　　　　（　　　　〃　　　　）

(16a) は基本的な文型を用いて事実を述べています。(16b) は強調構文です。(16c) は関係代名詞whatを用いた構文で、obesity（肥満）を文末に回し新情報として強調しています。英語学では、(16b) のタイプを**分裂文**、(16c) のタイプを**擬似分裂文**と呼びます。

◉ 倒置

(17)　Beneath the main banner are entries posted by the blog writer, or blogger. (Bennett 2015: 16)
　　（大見出しの下に、ブログの書き手、ブロガーが載せる項目がくる。）

これはentriesを主語とするSVA文Entries (posted by the blog writer, or

blogger) are beneath the main bannerを倒置してできた文です。ここでSVA文型を復元できないと読解はできません。復元し、意味を正しく受け止め、その上で倒置構文のニュアンスや話者の存在感を味わえれば完璧です。

(18) Not only is organic food better for our diets, but it's also better for the Earth. (Bennett 2015: 21)
（有機食品は、我々の食生活にとって良いだけでなく、地球のためにも良いのだ。）

有機食品の効能を述べるこの文を基本の語順で言うとOrganic food is better not only for our diets but also for the Earthになります。このほうがSVOの文型がよく見えてわかりやすいのですが、文として単調でもあります。書き手は、not onlyで文を始めて有機食品の利点を強調することを選択しました。

この文が示すように、not、never、only、seldom、hardlyなど否定的な意味を表す副詞が文頭に来た場合、話者は文法の規則に従って倒置をしなければなりません。とはいえ、そもそも文を主語で始めるか否定の副詞で始めるかは話者の判断に委ねられるのですから、情報の届け方は話者次第と言えます。

◉ withの付帯状況の構文

前置詞withは「～と一緒に」「～を使って」などの意味を表しますが、「with＋名詞句＋補語」という、いわゆる**withの付帯状況の構文**では、「～が…なので」「～のような状況下では」などの意味を表します。次の (19) は典型的です。

(19) I sleep with the windows open.
（私は窓を開けたままで寝ます。）

先に文型のところで見たように、名詞句と補語は「～が…である」という関係を表すため、(19) は「窓が開いていて」「窓が開いている状況で」と言っています。これを「開いた窓で」などと訳してしまう学習者はSVOC文型を復習する必要があります（☞7.1）。

次の (20) のような長文でも、(19) と同じ構造を見逃さないようにしたいものです。

(20) With millions of consumers in Asia, Europe, North America, and elsewhere learning about the benefits of organic food, the global market is on the rise. (Bennett 2015: 23)
（アジア、ヨーロッパ、北アメリカ、その他の地域の何百万人もの消費者が有機食品の利点を知るようになり、その世界市場が拡大している。）

◉ way 構文

近年の英語学界では、「one's way + 方向の副詞句」を使った特殊な構文が注目されています。

(21) The team slowly made their way back to base.
(22) She elbowed her way to the front of the queue.

(21) は、チームがゆっくりと本拠地に戻っていったと言っています。(22) は、彼女が肘で（群衆を）押しわけながら列の先頭に出たと言っています。文型としてはSVOAにあたります。

(21) と (22) は、2つの別々の慣用句として覚えるよりも、より抽象的に1つの**way構文**とするほうが効率的かつ適切です。他にも He worked his way through college（彼は働きながら大学を出た）、He bowed his way up the social ladder（彼はぺこぺこしながら社会の階段を上った）など、いろいろな文が作れそうです。

◉ WXDY 構文

「what + is/are + 名詞 + doing + 場所/時間の副詞句」の疑問文の形式を使って、なんたることだと嘆いたり、聞き手を咎めたりするニュアンスを表すことができます。アメリカの言語学者フィルモア（Charles J. Fillmore）は、この特殊構文を**WXDY 構文**と名付けました。W (=what)、X（任意）、D (=doing)、Y（任意）という意味です。

(23) What is this scratch doing on my desk?

(24) What is a nice girl like you doing here at such a late hour?

(23) を直訳すると「このキズは私の机の上で何をしているのか」になります。実際にはキズが何かをすることはあり得ないのですが、この特殊構文を使って「机にキズがついている。なんたることだ」と嘆いているのです。次の (24) も「まじめな娘がこんな遅い時間にここで何をしているのか」という疑問文の形で「こんな時間にこんな場所にいちゃいけないよ」と注意しています。他にもいろいろと作れそうです。

第8章　名詞と動詞

この章では、文の要となる名詞と動詞について解説します。文は思想を表す最小の言語単位であり、基本的に「何がどうした」を表します。この「何」を表すのが名詞で、「どうした」を表すのが動詞です。「何」は空間的な存在で、「どうした」は行為や出来事など時間的な存在です。名詞と動詞について知ることで、英語が空間と時間をどのように理解しようとする言語であるかが見えてきます。

8.1　名詞の体系

英語学習の第一歩では、Susan BakerやPaul Brownなど人の名前、pencil、notebook、dog、milk、breadなど身の回りにあるもの、Sydney、Boston、Brazilなど地名、tennis、basketballなどスポーツの名前を覚えます。これらはどれも**名詞**です。

名詞は、文の主語、目的語、補語になる重要な品詞です。ただし厳密には、これらの文要素になるのは**名詞句**で、例えば「a/the + pencilなど**普通名詞**」の全体が名詞句です（☞6.3）。この他にpencilsなど普通名詞の複数形、milkなど**物質名詞**、tennisあるいはlove、peaceなど**抽象名詞**、PaulやSydneyなど**固有名詞**、それにI、youなど**代名詞**（☞10.1）は1語でも文要素になり、その意味では名詞句にあたります。

◉ 普通名詞

伝統的に、名詞とは人、場所、物などの名前であるとされてきました。定義の方法としては厳密さに欠けますが、この考えは一般的に受け入れられており、ライアンズ（John Lyons）もboy、cat、tableを例に挙げて、こういった具象物を表す普通名詞が名詞の典型であると述べています。では具象物を表す普通名詞はどのような特徴を持っており、どのような点で他の名詞と異なっているのでしょうか。

普通名詞が表す対象は、明確な境界によって他の存在と区別されます。現代の**認知言語学**ではこの特徴を**有界性**と呼んで、名詞の最も重要な特徴であるとしています[1]。また、普通名詞の多くは**非均質性**という特徴を持っています。非均質性とは、鉛筆、少年、猫、テーブルなどが各々、多様な部分から成り立っていることを言います。部分をまとめた全体が何らかの機能を果たしたり移動したりすることから、この全体を1つの**物体**として認識し、名前をつけて語る必要がありました。有界的な名詞には、全体が水でできているlake（湖）や、どの部分で切っても石であるstone（石）など、部分が均質的なものや、部分そのものが欠落しているhole（穴）などもありますが、これらも可算で、複数形を持っています。認知言語学では、有界的な物体を表す名詞を**可算名詞**と呼んでおり、family、team、committee、classなどの**集合名詞**も可算名詞に含まれます。

こうして、認知言語学を待ってようやく名詞が理論的に定義された形ですが、伝統的な考えの正しさもまた証明されたことになります。はっきりした輪郭のある物体は「あの○○」と指し示してトピックにしやすい上に、その動きを追って出来事の因果関係を見通すことができるため、文の主語や目的語にしやすいのです。そして物体の**典型例**すなわちプロトタイプは言うまでもなく人間です。

認知言語学ではさらに、pencils、boys、cats、tablesなど普通名詞の複数形が表すものは同じ物が続く均質的な連続体であり、その点でmilk、bread、water、airなど**物質**に似ているという洞察がありました。物質には、この

[1] ラネカー 2011: 162–176

他に furniture、cutlery、jewelry なども含みます。さらに、anger や love、peace など抽象名詞も非有界的です。これらの名詞はどれも不可算です。

こうして物体を表す普通名詞を基本とすることで普通名詞の複数形と物質名詞との類似性が明らかになり、抽象名詞にも理解が及ぶことになりました。議論を先取りすれば、名詞における物体と物質の区別が動詞を理解する上でも要となることがわかっています（☞ 8.3）。この一連の発見は認知言語学の大きな功績です。

◉ 単数と複数

普通名詞には、数（すう）を標示する、つまり名詞の指示対象が単数なのか複数なのかを名詞の形態で示すという重要な仕事があります。歴史的に見ると、性標示を捨て、格標示を語順に委ねて、形式の面で単純化する道を歩んだ英語ですが、数にはこだわりがあって残したという図柄が浮かんできます。名詞は必ず単数か複数かの区別を表現しなければならない仕組みです。例えば「公園でリスを見ました」という日本語を英語に訳す時にはこうなります。

(1)　I saw a squirrel in the park.
(2)　I saw squirrels in the park.

(1) と (2) のどちらなのか、つまり私が見たリスは1匹だったのか複数だったのか、はっきりさせなければ文になりません。このように数にこだわる英語は物体に強い関心を寄せる言語であると言えます。

◉ 物体と物質

物体と物質の区別は必ずしも自明ではありません。例えば表1のような事例があります。

表1 物体と物質

物体（可算）	物質（不可算）
a bagかばん, a trunkトランク	luggage, baggage荷物
a dollarドル, a coinコイン, a sum合計	moneyお金
a job仕事	work仕事
a journey旅行	travel旅行
a meal食事	food/foods食べ物, breakfast朝食
a rollロールパン, a bun丸いパン	breadパン
a word言葉	vocabulary語彙, slang俗語

この他にもthe police（警察）は複数扱いで、news（ニュース）は不可算、measles（はしか）も不可算、等々、数の問題は-sの有無でも直感でも判断できない場合が多く、学習者泣かせです。このうち病名についてはスワン（Michael Swan）が、flu（インフルエンザ）、mumps（おたふく風邪）など病名は一般的に不可算であるが、アメリカ英語ではa cold（風邪）、a headache（頭痛）、a sore throat（のどの痛み）など軽い病気は可算名詞で呼ぶと述べています。軽い病気はすぐに治り、病気の全体像が見えて有界的で、物体に似ているのかもしれません。それでも*two colds、*several headachesなどとは言えないのですから、数の問題は奥が深いと改めて知らされます。

同じ単語が物体を表したり物質や抽象概念を表したりすることもあります。

(3) Are you driving a car?（車を運転しているのですか？）

(4) There's a lot of car in the junk yard.
（屑鉄置場に車がたくさんある。）

(5) This car is old, but it's all car.
（この車は古いけど性能はばっちりだよ。）

(3)ではa carは典型的な物体です。(4)では今や鉄の塊と化した車を物質と見てcarと呼んでいます。(5)では車の性能という抽象概念をcarで表しています。この他にもI had chicken for supper（夕食に鶏肉を食べた）のchickenは物質です。ここでI had a chicken for supper（夕食に鶏を一羽食べた）と言うと、聞いた人は目を丸くするでしょう。逆にaの効果を狙って、ものすごくお腹が空いている時にI'm so hungry that I could eat a horse（お腹が空いて馬一頭でも食べられそう）などとも言います。

◉ 普通名詞と固有名詞

普通名詞、集合名詞、物質名詞、抽象名詞が意味を表すのに対して、固有名詞は意味を表さず、対象を直に指示します。だから例えば、教室にいる学生の中からa girlを特定[2]できないとそれはgirlという英語を知らないことになりますが、Maryを特定できなくても英語を知らないことにはならず、メアリーその人を知らないにすぎません。

『鏡の国のアリス』では、固有名詞を理解しないハンプティ・ダンプティ（Humpty Dumpty）がアリス（Alice）に興味深い名詞談議をふっかけてきます。

(6)　ハンプティ：What does it (= Alice) mean?
（アリスとはどういう意味だ？）

アリス：Must a name mean something?
（名前には意味がなくちゃいけないの？）

ハンプティ：Of course it must. My name means the shape I am—and a good handsome shape it is, too. With a name like yours, you might be any shape, almost.
（もちろんだ。私の名前は体型を意味しておる。また、なかなかの良い体型でもある。お前さんのような名前では、どんな体型でもおよそ構わんな。）

卵型の体型をしたハンプティはhumpty dumpty（ずんぐりむっくり）という形容詞を自分の名前にしています。これは誰であれ背の高い人をTall、

[2] この章では「特定」を一般的な意味で使っています。英語学の術語としての「特定」「確定」については11.1を参照してください。

ぽっちゃりした人をPlumpと名付け、すべての犬をDog、猫をCatと呼ぶような変なことです。通常、そのように不特定の人や物を表すのはtall、plumpなど形容詞やdog、catなど普通名詞で、Aliceなど固有名詞は特定の人や物をピンポイントで呼ぶために存在しています。

それでも固有名詞は時には普通名詞のようにan Edison（エジソンのような人）、two Rembrandts（レンブラントの作品2点）、a Mr. Green（グリーンさんとかいう人/グリーン家の人）、the Johnsons（ジョンソン一家）などとして可算になります。

8.2 動詞の機能

英語学習の第一歩ではam、isなど**be動詞**をはじめ、come、go、have、like、know、see、play、speak、write等々、様々な**動詞**も覚えます。動詞は主語と目的語、あるいは主語と補語を結びつけて文を完成する重要な文要素です。ただし厳密には、文要素になるのは**動詞句**で、例えばis coming、has gone、don't knowなど、助動詞のbe、have、doを伴った全体が動詞句です。動詞句は文の中で主語と一致し、法、時制、相、態の情報を伝えます。

◉ 一致

一致とは例えばI am ...、You are ...、He is ... などにおけるam、are、isがそれぞれの主語の人称、数、時制に関する情報を動詞の形態で表すことを言い、特にbe動詞はやや複雑な形態変化を示します。be動詞以外の動詞は語尾に-sを付けて3人称単数現在時制いわゆる**三単現**を表す他は、主語に応じて動詞の形が変わることはありません。

一致という現象が存在することから、「はじめに主語ありき」だということがわかります。私たちも、例えばboy、child、teacherという名詞のイメージは容易に思い浮かびますが、know、play、speakなど動詞を言われても、まずは「誰が」「何を」がわからないと落ちつかないのではないでしょうか。人の頭の中の言語世界は名詞を構成要素として成り立っています。だから動詞が主語に一致するのであって、逆ではないのです。

動詞の主な仕事は法、時制、相、態を表すことです。このうち**法**とは、文の表す事態を話者が現実だと思っているか否かということで、**直説法**、**仮定法**、**命令法**の3つの法があります。現実を語っていると話者が思っている場合は直説法を用います。中学の英語で登場する文の多くは直説法です。

◉ 仮定法過去

非現実を語っていると話者が思っている場合には、それを仮定法の動詞形態で表します。とはいえ実際には、かろうじてbe動詞だけが1人称と3人称の単数形にwereを用いて仮定法過去であることを示すのみであり、そのwereもwasで代替可能です。その他の動詞の場合は動詞形態だけでは直説法過去なのか仮定法過去なのか区別できないのが実状ですが、慣用的にwould、wish、あるいはas ifなど、仮定法で使われることの多い独特の語句や構文に助けられて非現実性を伝えます。

◉ I wish

(7)　a.　I'm sorry, but I cannot tell you the truth.
　　　b　I wish I could tell you the truth.
(8)　a.　I'm sorry, but I didn't tell you the truth.
　　　b.　I wish I had told you the truth.
(9)　a.　He said, "I wish I were a bird."
　　　b.　He wished he were a bird.

(7)～(9)のb文はa文とほぼ同じ内容を仮定法を使って書き換えたもので、主節のI wishが従位節の非現実性を示唆します。通常、(7b) のI could tell you the truthは現在の非現実を表す**仮定法過去**、(8b) のI had told you the truthは過去の非現実を表す仮定法過去完了である、と説明されます。実のところ、英語で書かれた英文法書では「仮定法過去完了」に相当する術語は登場しないのですが、本書でも便宜上(8b) などを仮定法過去完了と呼ぶことにします。では(9b) のhe were a birdはどうでしょう。過去に「鳥だったらなあ」と思ったのに、仮定法過去完了にしなくていいのでしょうか。

(9b) などについては、仮定法では**時制の一致**をしない、とよく言われますが、正確には、**仮定法の動詞は、過去形で主節と同じ時間を表し、過去完了形で主節に先立つ時間を表します**。だから (9b) はwereになるのです。(7b) と (8b) もこの原則で説明できます。仮定法は直説法とは違う独特の時制システムを持っているということです。

◉ as if

(10) a. He runs as if his life depended on it.
     b. He ran as if his life depended on it.

(11) a. He looks as if he saw a ghost.
     b. He looks as if he had seen a ghost.

as if（あたかも～であるかのように）はその意味によって必然的に仮定法を導きます。(10a) と (10b) のdependedはどちらも仮定法過去で主節と同じ時間を表しますから、(10a) は現在の非現実、(10b) は過去の非現実を表すと理解できます。

(11a) は彼が今、幽霊でも見ているような顔をしていると言っており、(11b) は彼がまるで幽霊でも見てきたような顔をしていると言っています。どちらも主節は現在時制で、as if節の中では (11a) が現在の非現実、(11b) が現在に先立つ時間の非現実を表します。

◉ その他の慣用表現

(12) If you had not helped me, I might never have passed the test.
（君が助けてくれなかったら僕はテストに受かっていなかったかもしれない。）

(12) の仮定法の文は次のような慣用表現を使って言い換えることができます。

(13)　If it had not been for your help, I might never have passed the test.

(14)　Without your help, I might never have passed the test.

(15)　But for your help, I might never have passed the test.

(13) はif it had not been for... という仮定法過去完了を導く慣用構文です。これを現在の非現実にシフトするならIf it were not for your help, I might never pass the testになります。(14) については、without（～がなければ、～がないので）は直説法でもごく普通に使いますが、上の例は仮定法と解釈するのが自然です。(15) のbut forはexcept for（～以外では）と同義の文語的な表現として直説法でも使いますが、上の文脈では (14) と同じく「～がなければ」という意味で、仮定法を導きます。

◉ 仮定法現在

(16)　I suggest you call him first.
（君のほうから彼に電話してはどうだろう。）

(17)　He ordered that the house be sold.
（彼は家を売るよう命令した。）

(16) のcallと (17) のbeは**原形**です。**仮定法現在**は非現実を述べるというよりは「こうするべき、こうあるべき」という主語の気持ちを表すため、**実施要求の仮定法**と呼ばれることもあります。イギリス英語ではI suggest you should call him first、He ordered that the house should be soldなど、仮定法現在にshouldを用います。このことから、イギリス英語が本来の形でアメリカ英語ではshouldを省略すると見る人が多いかもしれませんが、実際は逆です。歴史的には、仮定法を表す屈折語尾が消失して語幹だけが残ったため、アメリカ英語のほうが仮定法現在の古い形をとどめており、イギリス英語のほうが新たにshouldを付け加えたのです。

話者自身が「～しなさい」と要求する場合には、Call me Saki, pleaseやDon't play the guitarなど命令文で思いを伝えます。命令文は一種の非現実を表し、動詞の原形を用いることが特徴です。形式と意味の両面で仮定法現在に通じるものがありますが、法の観点からは命令法に分類されます。

以下では直説法を想定して、時制、相、態について述べます。

◉ 時制

時制は、文の表す事態を話者が現在の事態だと思っているか、それとも過去という終わった時間に属する事態だと思っているかを表します。英語には**現在時制**と**過去時制**という2つの時制[3]があり、現在時制は現在を表します。しかし私たちが生きている現実世界の現在が一瞬で過去になってしまうのに対して、言語の現在はそうではありません。

英語の現在時制は、①幅のある現在の時間、②現在の瞬間、③未来の時間、④終わっていない過去の時間を表します。①が代表で、②～④は①の特殊な場合として①に含まれると見ることができます。基本的な例を見てみましょう。

(18) I <u>like</u> math.
(19) She <u>is</u> a musician.
(20) He <u>plays</u> the piano.
(21) I <u>watch</u> soccer on TV.

(18) と (19) のlikeやbe動詞は、①幅のある現在の時間の例で、状態を表します。状態とは、すでに成立していて、いつ始まったか、いつ終わるかを問うことがあたらない事態です。

(20) と (21) も①の例で、習慣を表します。幅のある現在の時間の中で時々あるいは頻繁に彼がピアノを弾く、あるいは私がサッカーをテレビ観戦することを現在時制で表します。I usually get up at sixなどusuallyという副詞が習慣の読みを指定する場合もあります。The sun rises in the east やTwelve over three is four（12 ÷ 3 = 4）など真理の類も①に含まれます。

---

[3] 未来時制を含む3つの時制を想定する研究者たちもいますが、英語学界では2時制の考え方が主流です。

次は②現在の瞬間の例です。ジェーンに注目してください。

(22) Gregg: I think that global warming is an important topic.
Jane: I agree.

この会話でジェーンは今この瞬間の自分の気持ちを表明しています。これはI agreeと言うことでagree（同意する）という行為を行う発話行為であり、発話の瞬間つまり現実世界の現在の瞬間を現在時制で表す例です。この他にI promise（約束するよ）、I pronounce you husband and wife（お二人を夫婦と宣言します）なども各々、約束と宣言の発話行為です。では、次の（　）にはどんな動詞が入るでしょうか。帰ろうとする客人を引き留める場面です。

(23) Stay for dinner. I (　　). （食事をしていってよ。ぜひ。）

答えはinsist（固執する）です。I insist（私は固執する）と言うことで固執を実行します。

次の (24) と (25) は③未来の時間に言及しています。

(24) You'll learn about the importance of planning.
(25) It'll be hot tomorrow.

次の (26) では第1行目で④終わっていない過去の時間が表現されています。(26) は中学の教科書でも引用された映画「スタンド・バイ・ミー」の主題歌の第1節です。

(26) When the night has come and the land is dark,
And the moon is the only light we'll see,
No, I won't be afraid, oh, I won't be afraid,
Just as long as you stand, stand by me.

（夜になって、大地は暗く
月の明かりしか見えなくても
僕は怖くない、怖くないさ
君がそばにいてくれる限り）

(26) のhas comeは現在時制完了相です。過去に起きた「夜になる」という出来事が現在も続いているため、つまり今も夜であるため、これを現在の事態とみなして現在時制で表しています。この歌詞ではhas come、is、will seeなどいろいろな現在時制が並んでいて、話者が現在から過去をふり返ったり未来を見たりして情景を描写している様子が伝わります。

この他にTom has visited Nara onceでは、過去に奈良を訪れたことを現在までの経験として語っているため現在時制にします。実際には過去の出来事なのだということは完了相が表しています。Tom has just finished lunchでも、昼食を済ませたばかりで今はお腹がいっぱいだ、など現在の状態に焦点を合わせているため現在時制にします。このように過去を現在に取りこむという荒技ができるのは完了相という相があるからですが、相については後で説明します。ここでは英語の現在時制が幅広く様々な現在の時間を表すことを確認してください。

話者は、文の表す事態が現在ではなく終わった時間に属すると思えばそれを過去時制で表します。ただし話者と聞き手は必然的に現実の現在時にいるので、話者だけが勝手に聞き手の知らない過去の時間に話を持っていってしまうことは許されません。英語はそれなりに相手を思いやることを忘れない言語なのです。このため過去時制を使うにはちょっとした「こつ」が必要になってきます。

まず、どういう場合に過去時制を用いるか見てみましょう。

(27) I visited many places last year. I talked with many people.

(28) What did you do during the summer vacation?

(29) Clean Up Day was exciting. ... We picked up a lot of cans and bottles.

(27) ではlast year、(28) ではthe summer vacation、(29) ではClean Up Dayが特定の過去の時間を示しているため、聞き手は話者と一緒にその時間に視点を移すことができます。実のところ、このように過去の時間が明示されていたり、文脈から過去の話だとわかっていたりする場合には、過去時制にしなければならないのです。

過去の時間を話者と聞き手が共有できない場合は、話者は少し手間をかけて話を過去に持ち込みます。

(30)　Miss Temple has been injured. She fell off the stairs.
　　（テンプル女史がケガをした。階段から落ちたんだ。）

(30) ではまず現在時制の完了相で過去の出来事を現在に導入し、次にその出来事の時間に視点を移して過去時制で述べています。この手間をかけることで聞き手が戸惑うことなく話についてこられるというわけです。

ただし、この前半部分—現在時制の部分—は時と場合によって省略されることがあります。例えば友人の頬にキズがあるのを見た時には、前半にあたるYou've got a scar on your cheek（頬にキズがあるね）を省略して (31) のように過去時制にします。

(31)　How did you get that scar?（そのキズ、どうしたの？）

ここではthat scar（そのキズ）が、キズの原因となる出来事の起きた過去の時間を導入するので過去時制が合うのです。今もキズがあるからといって*How have you got that scar? とするのは誤りです（アスタリスク「*」は非文の印です）。

◉ 相

相は、文の表す事態の全体像が話者に見えているか否かを表します。英語には**単純相**、**完了相**、**進行相**の3つの相があり、単純相と完了相では話者が事態の全体像を、進行相では事態の一部分を見ています。

【単純相】He ran a marathon yesterday.
【完了相】He has run a marathon.
【進行相】He's running a marathon.

第1の例文は過去時制の単純相です。彼がマラソンをするという出来事は昨日すでに終わっており、話者は遠目で出来事の全体像を視野に収めています。第2の例文は現在時制の完了相で、今まさに終わったばかりで息が切れている、達成感に浸っているなど、現在に関わりがあるため現在時制にします。それでもマラソン自体は終わっていて全体像が見えるので、そのことを完了相で表します。

第3の例文は現在時制の進行相です。マラソンの始めと終わりは話者の視野に入っておらず、話者はランナーが走っている現在の状況だけを見ています。進行相は本来このような、**目標**すなわち**終点**に向かって局面が変わっていく、まさに「進行」のダイナミズムを表します。また、全体を見ないで今だけを見ることから、**進行相は出来事を間近に見ているような臨場感と現実感を伴う**のです（☞12.3）。

◉ 態

態は、文の主語となる人や物が文の表す事態にどのように関っているかを表します。英語には**能動態**と**受動態**があり、能動態が基本です。受動態は一定の条件をクリアしないと許容されません。

受動態を理解するには動作主と被動者という概念が不可欠です（☞7.1）。

(32) Mary ate the apple.

この文で、主語のMaryは「特定の個体」「有意思」「動的」「変化の原因」という特徴を持っており、動作主の典型です。一方、目的語のthe appleは

「特定の個体」「行為の影響を受けて状態変化する」という特徴を持っており、被動者の典型です。動作主は能動的に事態に関わり、能動態の主語になります。被動者は受動的に事態に関わり、受動態の主語になります。

学校では能動態の文を受動態に書き換える練習がよく行われますが、実はどんな文でも受動態にできるわけではありません。**受動態の主語は被動者でなければならない**からです。受動態の文を文脈ごと拾ってみましょう。

(33) Here's a five real note. Real notes <u>are used</u> in Brazil.

(34) The British Theater group is coming to Japan. This group <u>is loved</u> by many people.

(33) で、real notes（レアル紙幣）は物と交換され人から人へと渡って位置変化する点で被動者とみなすことができます。その上レアルは談話のトピックでもあるため、受動態がごく自然に許容されます（☞6.1）。ただし、英語の基本は能動態であり、このような文脈でもトピックを差し置いて動作主を主語にしたPeople use real notes in Brazilという能動態が可能です。(34) の第2文についても同様のことが言えます。

(33) と (34) を見ると、どちらの文でも動作主は不特定の複数の人々であり、その点で動作主性が弱く、主語位置を譲りやすかったと言えます。例えば (34) のmany people をme（私）に替えた*This group is loved by meは容認しがたい変な文です。このことから、主語位置をめぐるドラマに特定性や個体性が関係していることがわかります。

話を被動者に戻すと、下の (36) で受動態が容認されないのはなぜでしょうか。

(35) a. A car approached Mary.
b. Mary was approached by a car.

(36) a. The train approached Mary.
b. *Mary was approached by the train.

(35a) で、車はメアリー個人を狙って近づき、メアリーは恐怖を感じたかもしれません。この意味では (35a) の目的語のMaryは被動者であり、不特定のa carよりMaryのほうに話者の関心が傾けば、(35b) の受動態も自然です。しかし (36a) では、電車はレールの上を走るものであり、メアリーのいる方角に来ただけで、メアリー個人に近づいたのではありません。この場合、Maryは被動者ではないため、(36b) の受動態は許されないのです。

この他にもJohn resembles his father（ジョンは父親似だ）、I know the secret（僕は秘密を知っている）、Tom likes apples（トムはリンゴが好きだ）など状態動詞を用いたSVO文の主語と目的語は動作主と被動者ではないため、これらに対応する受動態の文はありません。同じ理由でThe secret is known to everyone、Vitamin C is contained in oranges、The castle is surrounded by treesなどは厳密には受動態ではなく、過去分詞の形容詞的用法になります。The castle is surrounded by enemiesは受動態です。

受動態が許容されるには、被動者という条件がクリアされた上で、①トピックである（上の (33) (34) など)、②動作主より目立つ（上の (35) など)、③動作主は自明であるため言う必要がない（上の (33) など)、④動作主が不明である（あえて能動態にすると主語がsomeoneなど不特定な表現になる)、⑤動作主を言いたくない、という理由のうち1つ以上が成立している必要があります。言いたくない場合とは、誰かが失態を演じた時に動作主を隠して庇ってあげたい、学術論文で執筆者を隠して客観性を高めたい、などの場合です。

以上、動詞の主な仕事について説明しました。すべての文が法、時制、相、態を表す仕組みになっていることも見ました。例えばI know herは直説法、現在時制、単純相、能動態の文です。普段はいちいち気にしなくても、こうして分析してみると、**言語は精緻に構造化されたシステムである**ということに改めて気づかされます。

8.3　普通名詞と動態動詞の共通点

動詞の種類については、形式の上からは文型に基づいて**他動詞**と**自動詞**に大別されます。SVO、SVOO、SVOC、SVOAのVが他動詞で、このうち補語を必要とするSVOCとSVOAのVを**不完全他動詞**と呼びます。SV、SVC、SVAのVは自動詞で、このうちSVCとSVAのVを**不完全自動詞**と呼びます。別の言い方をすれば、目的語を伴う動詞が他動詞、伴わない動詞が自動詞です。しかし先にも見たように、主語か目的語かは意味に基づいて判断され、それによって文型も決まってくるのですから、形式上の分類にも意味がつきまといます（☞7.1）。

◉ 意味から見た動詞の種類

意味の上からは、先に述べた動態動詞と状態動詞に大別され、通常、動態動詞はさらに、時間をかけて展開する事態を表す**持続動詞**と、瞬間的な変化を表す**瞬時動詞**に分けられます。例えばbuild、drive、eat、learn、read、swimなどは持続動詞で、die、find、flash、knock、win、winkなどは瞬時動詞です。これらの動詞は次の特徴を持っています。

- 持続動詞の進行相は局面の変化（＝進行）や活動の持続を表す。
- 瞬時動詞の進行相は終点への接近、瞬時的な出来事または行為の繰り返しを表す。
- 状態動詞は、本来の「状態」の意味では命令文、進行相、受動態にならない。

これを見ると、状態動詞は文法の観点からは使い勝手の悪い動詞であることがわかります。英語は「何がどんな状態である」ということよりも、「誰が（何を）どうした」を言いたい言語であり、それを言うための文法を備えているのです。

◉ 名詞体系との類似性

動態動詞は一時性を含意するという特徴を持っています。これは、普通名詞が表す物体に空間的な境界があるように（☞8.1）、動態動詞が表す行為や出来事に始めと終わりという時間的な境界があるからです[4]。一方、状態には始めも終わりもありません。これについて認知言語学者ラネカー（Ronald W. Langacker）は、物体などを表す可算名詞と物質などを表す不可算名詞を区別する基準は、動態動詞と状態動詞を区別する基準と同じであると述べています。ラネカーの洞察によって、物体と物質の違いが動態と状態の違いに平行することがわかりました。例えばa bikeという物体がハンドル、車輪、サドル、車軸など非均質的な部分から成る全体であるように、paint a pictureという行為は絵筆を握る、色を選ぶ、一筆塗る、背景を描く、人物を描く、等々の局面を合わせて成り立つ全体です。空間的存在であるハンドルなどと違って、時間的存在である局面は次々と消えてしまいますが、1つの行為を成り立たせる「部分」である点では同じです。また、a stoneなど均質的な物体があるように（☞8.1）、有界的な行為にもswim in the poolなど、局面に分解できない均質的な行為があり、ここにも名詞と動詞の平行性が見られます。

8.4 動詞からの派生形

ここからは不定詞、動名詞、分詞について解説します。主語と一致し時制と法を表す**定形動詞**[5]と違い、不定詞、動名詞、分詞は主語と一致せず、時制を表さず、法も表しません。これらは動詞の**派生形**であって、厳密には動詞ではないのです。それでも、相や態を表し目的語や補語を伴うことができる点では動詞に準じた働きをします。

---

4 ただし、瞬時的な出来事を表すwinやdieなど、始点が曖昧な動態動詞もあります。
5 本動詞（main verb）、定動詞（finite verb）とも呼びます。

◉ 不定詞と動名詞

不定詞と動名詞を比べてみましょう。まず**不定詞**には、前置詞toに似た、何かに向かう感じが伴います（☞11.3）。

(37)　I want to be a pro gamer. I have a lot of things to learn.

(38)　I enjoy swimming.

(37) ではto beとto learnが未来に向かう感じを伝えてきます。文法で、wantやhopeの目的語は動名詞ではなく不定詞と決まっていますが、それは動詞の意味を考慮すれば合点のいくことです。ただし不定詞が指向するのは未来とは限らず、Pleased to meet youなどではむしろ過去を向いています。それでも、嬉しい気持ちになった理由を出会いに求めて指し示しています。

不定詞と対照的に、**動名詞**には現実性が伴います。(38) で、swimmingは泳いでいる時の状況を表します。文法ではenjoy、finish、avoidの目的語は不定詞ではなく動名詞と決まっていますが、このうちenjoyとfinishについては動詞の意味を考えれば頷けます。avoid（避ける）の場合は、不定詞には何かに向かおうとする意思性が伴うため動詞の意味と合わず、動名詞が選ばれるようになったと理解できます。例文の定番とも言えるI stopped to smoke（タバコを吸うために立ち止まった）、I stopped smoking（タバコを吸うのをやめた）からも不定詞と動名詞の意味の違いは明らかです。

try、like、startなど、不定詞と動名詞のどちらも目的語にできる動詞も多くありますが、それでもI tried to driveでは運転席に座る前に止められた、などの可能性が残るのに対し、I tried drivingは試運転をしたという意味になり、また現にスキーをしながら「スキーって楽しいな」と言う場合はI like to skiよりI like skiingが合うなど、微妙な使い分けが存在します。

◉ 現在分詞と過去分詞

分詞については、形容詞的用法を中心に説明します。形容詞的用法において、**現在分詞**は未完了性を、**過去分詞**は結果状態を表すという点で対照的です。

形容詞的用法の現在分詞は、進行相と同様に行為や出来事の未完了性を表します。

(39) Screaming children can be a real nuisance.

(40) Look at these men drinking water.

(39) は前置修飾、(40) は後置修飾の例です。(40) のthese men drinking waterは進行相を用いたthese men who are drinking waterで置き換えることができます。

形容詞的用法の過去分詞は結果状態を表します。

(41) She says she's got a broken heart.

(42) This is the most advanced class.

(41) の a broken heartは「壊された」という行為ではなく結果に焦点を合わせて「壊れている」と読むのが妥当です。この他にabandoned house（廃屋）、dried fruit（乾燥フルーツ）、used car（中古車）なども行為自体ではなく、行為の結果としての状態を表現しています。

(42) のadvancedは自動詞の過去分詞で、習熟度が高いことを表します。この他にfallen leaves（落ち葉）、developed countries（先進国）、a grown-up daughter（成長した娘）などでも自動詞の過去分詞が結果状態を表します。

コラム2

will と be going to と be -ing

未来の時間は基本的に will で表しますが、その他にもいくつかの未来表現があり、使用の場面もそれぞれ異なります。

（1） The sun rises at 6 a.m. tomorrow. ［単純相］
（2） It'll snow soon. ［法助動詞 will］
（3） It's going to snow. ［be going to］
（4） The train is arriving on time. ［進行相 be -ing］

（1）など科学的に算出され確定している未来の出来事は単純相で言い切ります。列車が時刻表のとおりに走る場合の The train leaves the station at 7 p.m. なども同様です。

（2）では話者が「今年も冬になったなあ、まもなく雪も降るだろう」などと未来のことを予測しています（☞ 10.3)。この will は未来表現の基本形であり、遠近様々な未来を予測するのに使います。予測の信憑性、実現可能性も状況によっていろいろです。

（3）は雪雲が出たり冷え込んだりといった前兆、エビデンス（証拠）から「今にも雪が降りそうだ」と話者が判断した時の言い方です。「スミス先生が急病で授業ができなくなった。誰が代講する？」では、Who's going to teach? が切迫感を表します。この時の感情はイントネーションからも伝わるでしょう。アクション映画の中で「ぎゃあ、もうダメだ」と死を覚悟して叫ぶ時も Aargh, we're gonna die! です。ただし be going to がいつも切迫感を伴うわけではなく、She's going to have a baby in March などもあります。

（4）は列車の到着が始まっていると見る進行形です。この arrive など瞬時動詞の進行相は事態が変化の瞬間に近づいていることを表すため、be -ing で未来時に言及することができるのです（☞ 8.3)。持続動詞 run や snow を用いた The train is running on time、It's snowing などは現在時を表します。

ここまでは、主語の意思が関わらない単純未来について述べました。ここからは意思未来の用法を見ていきます。

（5） We'll buy a new car. ［法助動詞 will］
（6） We're going to buy a new car soon. ［be going to］
（7） We're buying a new car. ［進行相 be -ing］

（5）は多くの文脈で用いることのできる will を使って主語の現在の意思を述べています。他に I'll do my best や、Will you marry me?—Yes, I will、喫茶店で店員に May I help you? と訊かれた時の I'll have coffee などがあります。先の「誰が代講する？」という問に「（じゃあ）私がやりましょう」と答える場合も I will です。

意思未来の場合、肯定文つまり肯定平叙文では 1 人称の主語がよく使われ、聞き手の意思を問う疑問文では 2 人称の主語が多くなります。中には The president will see you now（社長がお会いします / お会いするそうです）などもありますが、この場合は社長本人が I'll see him/her とでも言ったのでしょう。一方、否定文ではどの人称も現れて The baby won't stop crying、あるいは擬人的に The door won't open などとも言います。この傾向は will に限らず be going to と be -ing についても見られます。

上の例文に戻ると、（6）の be going to は発話する前からそう決めていた場合に用います。このため will よりも実現の可能性が高い印象を与えます。他にも We're going to get married では、本人たちがすでに結婚の意思を固めています。John says he's going to keep in touch でも、主語のジョンは前々から keep in touch しようと思っていて、そういう自分の気持ちを表明しています。

（7）はディーラーとの契約が成立しているなど具体的な取り決めができている時に言います。意思未来は、公的な取り決めをして第 3 者が意思を共有した時点で始まるというわけです。この時点ではまだ購入が完了していないため、先の It's snowing などの場合と違って、持続動詞の進行形が未来を表すことになるのです。未来表現としての be -ing は be going to よりも高い実現可能性を示唆します。

実のところ（7）など持続動詞の進行形は未来と現在の読みがあって曖昧で、未来か現在かの判断は文脈に依存します。例えば We're getting married を結婚式の最中に発すれば現在時になり、What are you doing this weekend? を今週末に発すればこれも現在時の読みになります。それ以前に発話がなされれば未来表現です。とはいえどちらの場合も出来事が進行中である点では同じです（☞ 12.3）。

最後に、まとめに代えて 4 択のクイズを出します。

問：　喫茶店で、コーヒーを注文した後で別の店員が同じように訊いてきました。下の A ～ D の中から最も適切な表現を選んで会話を完成しなさい。

店員：Can I take your order?

客：I've already ordered, thanks. [　　　　　　]

答：　A: I have coffee.　　B: I'll have coffee.

C: I'm going to have coffee.　　D: I'm having coffee.

※ 1 人目の店員との間で取り決めができているので、正解は D です。

第9章　形容詞と副詞

この章では、名詞や動詞と同じく内容語のグループに属す形容詞と副詞について順に解説します。基本的に形容詞は名詞を修飾し副詞は動詞を修飾することによって、「何がどうした」の「何」と「どうした」に情報を付け足します。補語CまたはAという文要素として文の成立に貢献する機能も備えていますが、主語や目的語になることはありません。

9.1　形容詞の機能

形容詞、厳密には形容詞句は、SVC文やSVOC文の**補語**Cになったり、名詞の**修飾語**になったりします。名詞にもこれらの機能があることから、形容詞はよく名詞と比較されてきました。その結果、現代では形容詞と名詞の違いが明らかになり、形容詞の機能と用法についての理解も深まりました。

◉ 名詞との本質的な違い

20世紀を代表する言語学者の1人であるイェスペルセン（Otto Jespersen）は、どんな言語でもstone、tree、knife、womanに相当する語は名詞であり、big、old、bright、greyに相当する語は形容詞であると述べ、このような区別が普遍的に存在するのは名詞と形容詞に本質的な違いがあるからだと考えました。その違いとは、名詞は形容詞より特殊であるということで、具体的には①名詞が適用される対象は形容詞の対象より少ない、②名詞は多くの特徴を含意し、形容詞は1つの特徴を述べる[1]、③名詞は目立った特徴を1つか2つ示すだけでも対象を指示することができる、ということでした。

確かに、ball（ボール）という名詞で呼べるものよりもround（丸い）という形容詞で呼べるもののほうが断然、種類が多いです。丸いものはボールだけでなくお月様からお盆まで幅広く存在するからです（上の特徴①）。「ボール」と呼ばれるものは、材質、サイズ、重量、用途、等々に関して一定の特徴を備えていますが、丸いものは「丸い」という特徴だけを共有します（上の特徴②）。また、イェスペルセン自身が例として挙げているblueberryという名詞は、ブルーベリーが青い実を付けていない季節でも対象を指示する力を失いませんが、blueという形容詞は実際に青いものにしか適用できません（上の特徴③）。

この議論を受けてオーストラリアの言語学者ヴェジビツカ（Anna Wierzbicka）は、名詞と形容詞にはもっと深い決定的な違いがあって、それは、名詞はカテゴリー化を行い、形容詞は描写を行うということだとしています。

(1)　It's beautiful.
(2)　It's a beauty.

ヴェジビツカによれば、(1)のbeautifulはその時その場で知覚された美しいという特質を表し、(2)のbeautyは永遠の美なるものを表します。You're foolishと呼ばれた人はその時の行為に関してだけバカなのですが、You're a foolと呼ばれた人はいつどこで何をしていてもバカの範疇から出られません。

1 論理学の用語を用いて言い換えれば、①と②は合わせて「名詞のほうが形容詞より外延(extension)が小さく内包(intension)が大きい」と言っていることになります（イェスペルセン 2006: 174）。

◉ 比較級と最上級

形容詞は1つの特質を表すため、その特質を基準にして複数の対象を比較することができます。Tom is younger than Ken、He's one of the most experienced teachers in the districtなどがその例です。ただし、比較に使えるのは度合いのある特質だけです。youngやexperiencedの他にもhigh、popular、good、tiredなどvery ... と言える形容詞です。excellent（秀逸な）やexhausted（疲労困憊した）はもともと尺度の頂点を表すため、通常、比較級や最上級にはなりません。

比較の対象は別々の個体とは限りません。She is much taller than last yearでは彼女の今と去年（すなわち今の彼女と去年の彼女）が比較されており、It'll be better if you can comeでは君が来る場合と来ない場合が比較されています。さらに次の例では2つの特質が比較されています。more tallという表現に注目してください。

(3) He is more tall than big.（彼はデカいというよりノッポだ。）

同一の人物に関してその人がtallかbigかと2つの特質を比べる時には、単音節の形容詞でも何でもこのようにmoreを付けて比較します。

比較級を使わず動詞preferを使って2者を対比することもありますが、この時には文脈を見定めることが肝心です。

(4) Taylor Swift is more popular than Katy Perry. But I prefer Katy Perry.

第2文はI prefer Katy Perry to Taylor Swiftの省略形です。preferはこの例のように特定の2者が対比される文脈が整った時にのみ、二者択一をするのに使います。いきなりのpreferは違和感があるので要注意です。

◉ 限定用法と叙述用法

ここで用語を確認しておきましょう。**前置修飾**と**後置修飾**は形容詞に限らず広く用いられます。前置修飾のうち形容詞が名詞を修飾することを特に**限定用法**と呼びます。形容詞がSVC文やSVOC文の補語になる場合は**叙述用法**です。We need someone good at English、Let's go somewhere quietなどは単に後置修飾と呼ばれます。

形容詞の中には限定用法と叙述用法のどちらか一方にしか用いられないものや、用法によって意味の異なるものがあります。例えば表1のような事例があります。

表 1　形容詞の用法

	限定用法（＝前置修飾）	叙述用法
限定用法	a nice little house/ the main street/ the former president/ a live fish/ a mere child/ sheer nonsense	×
叙述用法	×	The baby's asleep[2]. It's still alive. He's very well.
用法により 意味が相異	an old friend（年配の友人／旧友） the poor little child（哀れな／貧しい子） the present members （現在のメンバー）	My friend is old.（年配だ） The child was poor.（貧しい） All the members were present. （出席だ）

9.2　形容詞の順序

限定用法の形容詞を見ると、生起する順序に一定の傾向があることがわかります。

（5）　She's a good table tennis player.

[2] asleep、alive など a で始まり叙述用法のみで用いられる形容詞は、現代の on や in に相当する前置詞 a と名詞を組み合わせた複合語として 13 世紀頃から発達し始めました。

(6) I play traditional Japanese music.

もし(5)にnew（新人の）を足すなら、どの位置に入れればいいでしょうか。(6)にbeautifulを足す場合はどうでしょう。

名詞句中の形容詞には一定の順序があり、①評価、②大小、③新旧、④形状、⑤色、⑥国籍、⑦材質、の順になります。これによれば(5)のgoodは①の評価、newは③の新旧にあたるので、She's a good new... の順になります。(6)のtraditionalは「古くからの」という意味で③にあたり、beautifulは①なので、I play beautiful traditional Japanese musicになります。この他にa large modern red brick house、a handsome blue Italian sports carなどでも順序は守られています。ちなみに分詞の形容詞的用法は、these crumbling grey Gothic church towersのように⑤色の直前によく置かれます。

この順序は規則というよりは傾向のようなもので、実際には人によって、また同じ人でも時と場合によって変異します。そもそも形容詞が4つ以上続くのは稀なことです。とはいえ*green beautiful mountains、*that fat silly catとは言わないのですから、指針は確かに存在します（アスタリスク「*」は非文の印で、このように語や句にも適用されます）。

この順序についてクワーク（Quirk）らは、名詞の本質的な特徴を客観的に表す形容詞は名詞の近くに置かれ、話者の主観的な意見は遠くに置かれると述べています。この見方をヴェジビツカの「名詞はカテゴリーを作る」という考えと合わせると、一連の形容詞が順を追って、より客観的かつ確実に、名詞の下位カテゴリーを作りだすのを助けていることが見えてきます。

このことからもう1つの謎が解消します。限定用法の形容詞が恒常的な特質を表し叙述用法が一時的な特質を表すことはよく観察される事実ですが、その理由は謎のままでした。しかし限定用法が名詞の下位カテゴリーを作るものであるならば、理由はおのずと明らかになります。先の(2) It's a beautyが恒常的であるように、She's a good table tennis playerは恒常的であり、一方(1) It's beautifulが一時的であるように、The table tennis player is goodは一時的であるのです。

9.3　副詞の機能

副詞はI'm here、Put your toys upstairs、I'll walk you homeなどSVA文やSVOA文の補語になり（☞7.1)、また、修飾語にもなります。被修飾語は文（または節)、動詞、副詞、形容詞、名詞、代名詞と多岐にわたります。

【文修飾】　Was the jar really full of honey?
【動詞修飾】　You can easily make spring rolls at home.
【副詞修飾】　She's doing quite well at college.
【形容詞修飾】　The scenery was truly beautiful.
【名詞修飾】　Even very large companies are losing money nowadays.
【代名詞修飾】　Almost all of his paintings are abstract.

このように用法が多い副詞ですが、特に興味深いのは文修飾と動詞修飾の相違です。

(7)　Honestly, he admitted his mistake.（正直なことに、彼は間違いを認めた／本当だよ、彼は間違いを認めたんだ。）
(8)　He admitted his mistake honestly.
（彼は間違いを正直に認めた。）
(9)　He honestly admitted his mistake.

(7)のhonestlyは**文副詞**で、それに続く文全体を修飾しています。文副詞は話者からのメッセージで、「正直なことに/本当だよ」は事態に対する話者の評価を表したり話者の気持ちを表したりします。文副詞honestlyの解釈は文脈次第で、例えばHonestly, I didn't do it（本当に僕はやっていない）などでは話者自身の必死な気持ちを表すと解釈するのが妥当です。

一方(8)は、正直な認め方をしたと言っていて、honestlyが動詞admitted

を修飾しています。動詞修飾の副詞は主語の行為の様態を描写することから、通常、**様態副詞**と呼ばれます。

(9) は両方の読みが可能です。ちなみに、この (9) や先の (7) のように2つ以上の読みが可能であることを**曖昧**と言います。

◉ 文副詞

先に6.2で述べたように、話者はいわば黒幕のような形で文に参加しています。例えば、話者は文副詞を通してメッセージを発信し、①文章の舵取り、②主観の表明、③事態の成立可能性の明示、④場面設定といった仕事をします。どれも大きな文脈から当該の文の全体を眺めないとできないことです。タイプ別に見ていきましょう。

①文章の舵取り

(10) I'd like to eat out, but on the other hand, I need to save money.
(外食したいけれど、逆に節約もしないといけない。)

(10) ではon the other handという前置詞句が副詞句として働いて2つの節の対比的な関係を伝えてきます。他にも話者はhowever、in addition、therefore、first、nextなどの文副詞を使って文章の流れを解説します。これは話者から聞き手へのサービスであり、文章の**結束性**を確保する工夫でもあります。結束性とは、文章のつじつまが合い、整合していることを言います。

②主観の表明

(11) Fortunately, nobody was injured.
(幸運にも、負傷者は出なかった。)

(11) では文副詞が話者の感想を表しています。(7) のhonestly（正直なことに）のタイプです。

③事態の成立可能性の明示

(12)　Sometimes a single idea has the power to change the world for the better.

(12) のsometimesなどタイプ③の文副詞は、文の表す事態がどれほどの頻度あるいは確率で成立するかを示します。Nature has always been a part of our livesのalwaysやYou're probably rightのprobablyも同類です。ちなみに法助動詞もこれと同じ仕事をします（☞10.3）。

④場面設定

(13)　Today I'm going to talk about linguistics.

(13) のtodayやin Japanなど、時や場所を表す副詞が文頭に現れて出来事に時空的な枠組みを与えることがよくあります。文の表す出来事が「今日」という枠の外へ出ないという点で、このタイプの文副詞はトピック（☞6.1）に似ています。別の例ではAfterwards they all walked home in a groupのafterwardsも「その後」という時間的な枠組みを作りだします。こちらは先立つ文との時間的な前後関係を表すというタイプ①の機能を兼ねています。Even very large companies are losing money nowadaysのnowadaysもこの類の文副詞ですが、こちらは文末にあるためトピック性は弱く、むしろ時間的な枠組みを後から補足する働きをしています。

◉ 様態副詞

様態副詞には、様態を表す形容詞に-lyを付けたものが多くあります。

(14)　I need to think clearly to speak simply.

「簡潔に話すには明晰に思考しなければならない」と言うこの文で、clearlyはthinkを、simplyはspeakを修飾して主語の行為の様態を表しています。

一方、語順を少し変えたClearly, I need to think to speak simply（明らかに、簡潔に話すには思考をしなければならない）では、clearlyは文副詞のタイプ②として話者の主観を表明します。副詞の機能は文中の位置と大きく関わっているのです。

9.4 副詞の位置

副詞の機能と文中の位置との関係については、副詞修飾、形容詞修飾、名詞修飾、代名詞修飾の副詞は被修飾語の直前に来るということが判明しています。文副詞と様態副詞については従来、文頭、文中、文末という3つの位置に言及して説明がなされてきましたが、学習者にとっては「文中」がどこを指すのか曖昧でよくわからないというのが実状でした。この問題を解決したのがディクソンです。ディクソンは「文中」を次の(ii)～(iv)の3つに分解し、合わせて5つの位置を提唱しました。

副詞の5つの生起位置

(i) 文頭
(ii) 第1助動詞の後
(iii) 動詞の直前
(iv) 動詞（+目的語）の直後
(v) 文末

5つの位置は文副詞と様態副詞に次のように振り分けられます。

・文副詞の生起位置は(ii)を基本とし、(i)と(v)も可能である。
・様態副詞の位置は(iii)を基本とし、(iv)も可能である。

次の(15)と(16)はディクソンの理論の正しさを示唆しています。

(15)　You have definitely been working too hard. ［文副詞③：(ii)の位置］
　　（絶対に君は働きすぎだよ。）

(16)　The driver has been seriously injured.　［様態副詞：(iii)の位置］
　　（運転手は重傷を負った。）

しかし、理論と現実のギャップを示す例も多くあります。次の (17) は文副詞、(18) は様態副詞、(9) は本節の冒頭で言及した曖昧な例です。

(17)　She has probably left by now.

(18)　She has slowly begun to sing.

(9)　He honestly admitted his mistake.

助動詞が1つしかない (17) と (18) では、「第1助動詞の後」と「動詞の直前」が同じになってしまいました。(9) では助動詞が1つもなく、honestly という語の意味からも助けが得られず曖昧です。

ディクソンの説を検証するため宗宮（筆者）は2013年に、British National Corpus (BNC) という大規模コーパス[3]を使用し、must have や have been など助動詞が 2 つ以上続く文脈に限定して、(i) ～ (v)の位置に現れるすべての1語副詞[4]の生起頻度を検索しました。その結果、(i)、(ii)、(iii)の位置についてはディクソンの説に合致する傾向のあることが確認できました。特に (i) では文副詞のうち舵取りのhoweverなどタイプ①が、(ii) では事態の成立可能性を表すprobablyなどタイプ③が高い頻度でヒットし、(iii)では法助動詞を含まないhas/have beenの後で様態副詞が高頻度でヒットしました（must haveなど法助動詞を含む文脈では様態副詞はほとんど現れませんでした）。

3　コーパスとは、自然言語の文章を大量に集積し、データとして電子化したものです。
4　1 語副詞に限定したのは、検索条件として 2 語以上の副詞句を特定することができないためです。

第10章　代名詞と法助動詞

第10章と第11章では**機能語**について解説します。内容語と違って機能語は、どの品詞の場合も存在する語の数が少なく、体系化されており、語の増減がほとんど起きません[1]。そんな機能語のうち、この章ではまず名詞との関わりの深い代名詞について日本語との比較を交えて解説し、続いて動詞との関わりの深い法助動詞の歴史と用法について述べます。

10.1　代名詞の種類

英語学習の早い時期からHow are you? — I'm fine, thank you、Write this down、Say that again、What day is it today? などの中で**代名詞**が登場します。代名詞には次の5種類があります[2]。

人称代名詞：I、my、me、mine、myself、you、he、she、it、we、theyなど
指示代名詞：this、that、these、those
不定代名詞：one、everybody、nobody、all、both、each、some、any、

---

1 機能語も増減と無縁ではなく、近年、複合関係代名詞 whos(e)ever と whomever が廃れ、英英辞書からも姿を消しました。また、語の用法が変化して体系に影響が及ぶこともあります（☞ 10.3、12.1）。

2 mine、yours など所有代名詞と myself、yourself など再帰代名詞は人称代名詞に含めます。

either など
疑問代名詞：who、whose、whom、what、which
関係代名詞：who、which、that、what、whoever、whichever、whatever など

この中で特に興味深いのは人称代名詞と指示代名詞です。以下では便宜上単数形に焦点を絞って述べますが、複数形についても同じことが言えます。まずは英語のthis、thatと日本語の「これ」「それ」「あれ」の対応を確認してください。

表 1　指示代名詞の日英対照

英語	this	that	
日本語	これ	それ	あれ

◉ this/that と he/she/it

次の (1) ではジェーンがitで答えています。

(1)　Gregg:　What's this?
　　　 Jane:　 It's a wind-bell.

この会話を「これは何ですか―それは風鈴です」と訳す人が多いのではないでしょうか。確かに、第2文はitがあるので「それは……」と訳したくなりますが、日本語としてはitを訳さず「これは何ですか―風鈴です」と言うのが自然です。「それは風鈴です」は「あれは風鈴です」と同じでThat's a wind-bellです。また、itだけでなくWhere's Paul? ― He's gone home（ポールはどこ？―家に帰った）など、heとsheに相当する代名詞も日本語では基本的に省略されます。

次の (2) ではジェーンがthatで答えています。

(2)　Gregg: Is this a wind-bell?
　　　Jane:　That's right.（そのとおりです。）

ここで*It's rightとは言えません（アスタリスク「*」は非文の印です）。ちょっと不思議ではないでしょうか。

10.2　直示と照応

this/thatとhe/she/itの謎を解くにあたっては直示と照応の区別が鍵になります。**直示**とは外界の事物を直接に指示することであり、**照応**とはテキスト内の対象を指示することです。基本的にthisやthatは直示を行い、he、she、itは照応を行います。先の(1)でitを「それ」と訳すと不自然な感じがしたのは、日本語に照応の代名詞がなく、指示代名詞で訳してしまったからです。

heとsheについては、会話で本人を指差しながらheやsheを直示的に使うことがありますが、それはくだけた用法であって、heやsheには本来、人物を直示する力はありません。このため、例えば日本人が自分の子を指してHe goes to a swimming school（ウチの子はスイミングに行っています）などと言うと、この唐突なheに英語母語話者は冷たい印象を受けるそうです。初めは名前で呼ぶか、あるいはmy son/ daughterと言うのが温かいのです。

日本人、正確には日本語母語話者には英語のhe、she、itはよくわからないのが実情です。これらの人称代名詞は明治時代に日本に入ってきて、当時の知的リーダーたちが西欧的な概念の受容に努めるうちに「彼」「彼女」「それ」と訳されるようになりました。その後、ピンと来ないまま使われるうちに「彼」「彼女」は独自の意味を発達させ、「それ」は指示代名詞thatと混同されて現在に至っています。

いきなりのheで冷たいと言われないためには、照応のできる文脈が整っている必要があります。次の(3)では文法学者バーク（Lynn M. Berk）がかなり慎重にheを導入する例を紹介しています。

(3)　I met a homeless man yesterday. The poor guy was looking for food. This guy didn't even have a coat on. He looked very cold. (Berk 1999: 94)

この例についてバークは、指示対象が確定できればtheを用い（☞11.1）、対象が十分に語られて馴染めばthis、関心の的になればheを用いる、と述べています。これは母語話者からの貴重な情報ですが、実際には、もっと早くhe/she/itを導入することもよくあります。特にthis/thatの後ではイメージが鮮明になり、he/she/itが使いやすくなります。

ところで(3)のthis guyは、1つのテキストの中で先行するthe poor guyを指示しており、これは照応にあたります。その証拠に、ここはthis guyに替えてheと言うことも可能です。

次の(4)はシェイクスピアの『ハムレット』で主人公が発する独り言です。

(4)　To be, or not to be. That is the question.
（生きるか死ぬか、それが問題だ。）

このthatも外界の事物を直示しているわけではなく、直前のTo be, or not to beを「テキスト内のそれ」として指示し照応しています。ここではitを用いてIt's the hardest question ever（未だかつてない難しい問題だ）、It's quite a difficult question（実に難問だ）などと続けることもできます。

しかし、照応であるとはいえ、(3)のthisや(4)のthatには、指示対象となる当該表現の存在感を高め、聞き手の関心をそこに集中させる効果があります。これはhe/she/itには見られない、直示に準じる機能です。

直示の例としては、先の(1) What's this? のthisがそれにあたります。これは直示の典型例であり、指示対象が話者の近くに実在します。また、(2) That's rightのthatも、グレッグのIs this a wind-bell? という発話そのものを「今あなたが言ったこと」として直示しています。発話は発話者の所有物であり、外界の事物と同じ客観的な存在です。だから照応を行う *It's right は使えないのです。

◉ 謎の解消

以上のように考えることで、itに関するいくつかの謎が解消します。

(5) Emma sent me this/that.
(6) *Emma sent me it/them.

英文法では、SVOO文型の直接目的語としてthis/that/these/thoseは可、it/themは不可とされますが、この謎は今や解消しました。情報構造の観点からは、文末は新情報のための位置であり、(5)のように「これを」と実物を示すことは情報的価値があります。しかし(6)のように既知のものを文末に置くことは原則に抵触するのです。

itには照応と呼びにくい用法もあります。例えば本章の冒頭で言及したWhat day is it today? やIs it still raining? などのitは**虚辞**と呼ばれ、形の上で主語が必要な時に起用されます。このitは特に意味を持たないとされますが、本当にそうでしょうか。また、I can't stand it any longer（もう我慢できない）、Stop it. You're being silly（やめなさい、馬鹿みたい）、That's it（それだ/もうこれまで）などでも、itの指示対象は漠然としています。しかし今やこの疑問も解消しました。これらのitはどれも、話者を取りまく状況など、話者にとって既知のことを指示しています。つまり、もともと話者の主観の中に事物が存在し、itがそれを指しているのです。これはthis/thatには見られない、照応に準じる機能です。

以上をまとめるとこうなります。

①this/thatは外界の事物や発話を指示する。　［直示］
②this/thatはテキスト中の対象を指示し存在感を高める。　［直示に準じる用法］
③he/she/itはテキスト中の対象を指示する。　［照応］

④he/she/itは話者の主観の中の事物を指示する。　［照応に準じる用法］

ちなみに照応とは通常、テキスト中で先行する対象を指す前方照応を言いますが、時にはhe who ...、those who ...、It's that ...など関係詞節や名詞節の中で後続する対象を指すことがあります。また、特にthisは、Listen to this!と言ってから実際の音楽を流したり、Wait till you hear this jokeと言ってジョークを披露したり、あるいは聞き手にとって未知の人物をthisで指し、I saw this weird guy yesterday. He was really huge, was wearing no shoes, and ...などと後で描写するといった用法が見られます。これらの現象は、直示か照応かの機能の違いに関係なく、広く後方照応と呼ばれます。

◉ I/you と he/she/it

人称代名詞の中でもIとyou（およびwe）は直示的です。Iは常に、その時その場で発話を行っている人を指し、youは発話の相手を指します[3]。このように発話の現実と相対的に指示対象が決まる点で、I/youは、this、that、here、there、now、then、today、yesterdayなどと同じく**直示表現**であり、この点でhe/she/itとは一線を画します。それでもI/youとhe/she/itは人称、性、格、数（すう）を表すという特徴を共有しており、we、theyと共に人称代名詞という1つのグループを形成します。

ちなみに日本語にはhe/she/itに相当する代名詞はありませんが、I/youに相当する代名詞は「私」「僕」「俺」、「あなた」「君」「お前」、等々、いろいろあります。子どもに対して自分を「お母さん」と呼んだり、男の子に「ボク」と呼びかけたりもします。鈴木孝夫は『ことばと文化』の中で、日本語の人称表現は大がかりで複雑な現象であり、英語の人称代名詞のような小さな語群ではとても説明しきれるものではない、英語に倣って日本語にも人称代名詞という語群を設けるなどという「異質の文法概念の直訳的輸入」をす

[3] ただし非人称のyouの用法では、youは人間一般を指します。例えばHow do you get this machine to work?—You just push this button hereなど非人称のyouに対する質問には非人称のyouで答え、You never know what will happen in the futureでは「私たち」や「誰も」の意味でyouを使います。

るべきでないと警告しています。

10.3 法助動詞の用法

英語の助動詞は動詞と連結して動詞句を構成します。助動詞には次の3種類があります。

①be、have、doの助動詞用法
②have to、be able to、is going toなど**準助動詞**[4]
③must、may、can、will、shall、ought to、used to、had better[5]、needなど**法助動詞**

このうち、本書では中核的な法助動詞must、may、can、willを中心に説明します。これらは15世紀までの数世紀の間に動詞から助動詞へと発達したものです。語源については表2を参照してください。

表2 主な法助動詞の語源

must	「～することができた」「～せねばならなかった」を表すmōsteに由来。 mōsteは動詞mōtanの過去形。
may	「力がある」「能力がある」を表す動詞maganに由来。肉体的な能力を意味した。
can	「知る」「知っている」を表す動詞cunnanに由来。精神的な能力を意味した。
will	「欲する」を表すwillanと「望む・意図する」を表すwillianに由来。

(『英語語源辞典』)

法助動詞には根源的用法と認識的用法があります。**根源的用法**とは、義務、許可、能力、意思など個別の法助動詞がそれぞれに持っている用法の総称です。根源的用法の多くは主語について述べるものであり、語によってい

[4] これらは、各々、must、can、willが動詞としての機能を失ったことを埋め合わせる形で14～16世紀に登場しました(中尾・児馬 1990: 83–84)。
[5] had betterは「～しないと大変なことになる」という強い意味を表すので、使用には慎重を要します。一般的にはshouldやneed toが使われています。

ろいろな意味を表します。一方、**認識的用法**とは、文の内容が現実である可能性についての話者の判断を表す用法のことであり、語によって話者の確信の度合いが違います。話者の判断を伝えるという点で、認識的用法は文副詞に似ています。歴史的には根源的用法が先にあり、認識的用法が後から発達しました。

法助動詞は他の助動詞と違って、主語と一致すること、すなわち主語の人称や数に合わせて語の形態が変化することがありません。またmust以外の法助動詞には過去形がありますが、多くの場合、過去形が過去の時間を表すわけではないのです。特に主節においては、法助動詞の過去形の多くは仮定法であり、現在時での可能性の低さや婉曲を表します。認識的用法で話者が過去のことを推測する場合はIt must/may have been trueなどとして完了相を利用します。ただし間接話法などの従位節の中で時制の一致を果たすために、法助動詞の過去形が仮定法ではなく直説法の過去形として過去時を表すことはあります。

以上がmust、may、can、willに共通して見られる特徴です。canとwillには、この他に独自の特徴がいろいろあります。ではmustから順に見ていきましょう。

◉ must

次の(7)はmustの根源的用法、(8)は認識的用法の例です。

(7)　We must protect ourselves.　［義務を表す根源的用法］
(8)　He must be over 80 by now.　［認識的用法］

mustはhave toやhave got toで置き換えることもできます。(7)の根源的用法では、mustが「～しなくてはならない」と思っている話者の気持ちを伝えるのに対して、have toは外圧によって強制されていることを表します。ちなみにhave toのhaveは無声化して[hæf]と発音します（☞3.3）。

mustは歴史的にもともと過去形だったという経緯があり過去形がありま

せんが[6]、have toはhad toという過去形を持っています。また否定形mustn't/must notは次に述べるmay notと同じく「～してはいけない」という意味ですが、don't have toは「～する必要はない」という意味になります。

◉ may

(9) You may now kiss the bride. ［許可を表す根源的用法］

(10) It may be true.（本当かもしれない。） ［認識的用法］

(9) など許可を表すmayはフォーマルな印象を与え、気楽な感じのcanと対照的です。また根源的用法のmayには他の法助動詞の場合と同様に現在形しかないため、過去のことはwas allowed toなど動詞を使って表します。

(10) の認識的用法のmayは疑問文で使うことができません。*May it be true? などは非文になるため、通常、canを使ってCan it be true?と言い、He may switch jobsなどを疑問文にするにはbe likely toを使ってIs he likely to switch jobs? とします。

認識的用法のmayには過去形mightがありますが、法助動詞一般の特徴として過去形は現在の時点での可能性の低さや婉曲を表します。

(11) It might be true. ［認識的用法・仮定法・現在時］

先の (10) のmayは直説法現在時制ですが、(11) のmightは仮定法過去です。しかし非現実を述べているわけではなく、現在の非現実を装っているのです。

◉ canの根源的用法

canは基本的に主語の能力や特性を表します。次の (12) はジョンの能力について述べており、(13) はニューヨークの、非常に寒くなることがある

6 時制の一致ではFriends told me I must stop smokingなど、従位節中で過去形の代わりにmustを用いることがあります。

という特性を述べています。

(12)　John can play basketball well.　　　［能力を表す根源的用法］

(13)　New York can be very cold in winter.　　［特性を表す根源的用法］

規則ですでに許可されていることや禁止されていることについて「～できる / ～できない」「～してもいい / ～してはいけない」と言う時にはmayは使えず、(14) のようにcanを使います。近年では広く許可を表す文脈でmayに代わってcanが使われるようになっています。(15) はその例です。

(14)　Students can [are allowed to] eat in the classroom.
［許可を表す根源的用法］

(15)　Can I speak to the person in charge, please?
［許可を表す根源的用法］

根源的用法の過去形couldは仮定法であることが多く、次の (16) やIt could be expensive to have a catなどでも、話者はcouldを用いて現在の非現実を装い、可能性の低さや婉曲を表します。

(16)　Could you show me how to play this game?
［能力・根源・仮定法・現在時］

その一方で、根源的用法のcouldは直説法の過去時制として過去の時間を表すこともあります。ただし否定文の場合は1回の不成功をcould notで表すことができますが、肯定文の場合は、couldが表す過去の能力は基本的に、ピアノが弾ける、フランス語ができる、テニスがうまいなど、習慣的な能力に限られます[7]。過去の1回の能力の発現を強調したい時にはcouldではなく

[7] The teacher said we could all go home の go home などは 1 回のことですが、時制の一致のために could が用いられます。

was able to やmanaged toを用いますが、法助動詞を使わずに過去時制の単純相で言うほうが自然です。

(17) I could play tennis well when I was younger.
[能力・根源・直説法・過去時制]

(18) I was able to sell/I sold a dozen boxes of chocolates yesterday.

◉ canの認識的用法

次の (19) はcanの認識的用法の例で「〜であるはずがない」と言っています。

(19) That can't be true. [認識的用法]

認識的用法のcanは従来、肯定平叙文では使えないとされています[8]。例えばWhere's Sarah?—*She can be with Joe（ジョーと一緒かもしれない）などの肯定文は非文であり、正しくはShe may be with Joeと言います。*It can snow this afternoon、*There can be a strike next weekなども容認しがたい文です[9]。ただし例えば (19) のThat can't be trueという発話にオウム返しで反論してIt can be trueと言う場合には、肯定文でcanを認識的用法として使うことができます。

過去形couldにはcanに見られるような制約がなく、She could be with Joeや次の (20) などが容認されます。

(20) It could snow this afternoon. [認識的用法・仮定法・現在時]

◉ willの根源的用法

willは本来、主語の意思や未来への願望を表します。次の (21) と (22) は

[8] 認識的用法のcanは疑問文でも使えず否定平叙文でのみ許容されるとする見解もあります。
[9] Swan 2005: 99

意思未来に含むこともできますが、過去形の振舞いが独特であるため意思の用法として区別して説明します。

(21)　She won't eat anything.（彼女は何も食べようとしない。）
［意思を表す根源的用法］

(22)　He will have his own way.（彼は自分のやり方を押し通す。）
［意思を表す根源的用法］

(21) は単純未来の読みも可能ですが、ここでは強い意思を表す文として解釈しました。このような否定文の場合は過去形wouldn'tを使って過去の1回の行為を表すことができます。一方 (22) のような肯定文の場合は1回の行為を過去形wouldで表すことはできません。過去の習性を述べる内容であればwouldで表すことができます。次の (23) はその例です。

(23)　When we were children, we would go skiing every winter.
［意思・根源・直説法・過去時制・過去時］

(23) のwouldは主語が何度も実現させた過去の習慣的な行為を表します。ただしwouldで表すのは有意思の行為に限られていて、過去の状態を表すにはused toを使ってI used to have a Rolls-Royceなどと言います。

意思未来は、通常、現在時制で述べます（☞コラム2）。

(24)　I'll give you details later.　［意思未来を表す根源的用法］

(25)　Every employee will carry an identity card at all times.
（従業員は全員、常時IDを携帯してください。）
［意思未来を表す根源的用法］

(24) は意思未来の典型例で、1人称主語を使っています。(25) は規定を押しつけて命令する時の言い方です。他にもYou will listen to me（聴いてください）などいろいろあります。(25) の用法は19世紀以降に使われるようになりました。

次に、主語の意思が関わらない単純未来を表す根源的用法はこうなります。

(26) You'll learn a lot about nature and the earth.

［単純未来を表す根源的用法］

(27) In 1988 I arrived in the town where I would spend ten years of my life. ［単純未来・根源・直説法・過去時制・過去時］

（Swan 2005: 196）

(26) は主語について述べる文ではありますが、ここで「君は自然界と地球について多くを学ぶだろう」と予測しているのは話者です。

(27) のwouldは直説法過去時制で、話者は過去の時点での未来を見て「その町で10年暮らすことになるのだった」と言っています。このwouldは、関係詞節の中にあるため時制の一致で過去形になり、意味の上でも過去の時間を表します。この用法でのwouldは日本人学習者になじみが薄いかもしれません。

しかし多くの場合、willの過去形wouldを用いた文は仮定法で、現在時を表します。次の (28) やIt would soon be darkなどで、wouldは婉曲な雰囲気を醸し出しています。

(28) It would be lovely to see you.

［単純未来・根源・仮定法・現在時］

willはまた直説法現在時制のままで婉曲を表すことがよくあります。これは未来という一種の非現実に伴う距離感を利用した語用論的な用法です。

(29) That'll be £1.65, please.

(30) I'll have to ask you to come back tomorrow.

◉ will の認識的用法

ここまで見てきたように意思や未来を表すための様々な方法を持っているwillですが、そんなwillにも認識的用法があります。次の (31) では話者が現在のことを推測し判断しています。確実性が高く自信のあることをさらりと言う感じです。

(31)　That will be Tim coming home now.
（ティムが今、帰宅したのだろう。）　［認識的用法］

先に10.3の冒頭で、認識的用法ではmust/may have -edなど完了相を使って過去のことを推測すると述べました。willも同様で、完了形と連結して過去のことを推測します。

(32)　The children will have gone to bed.
（子どもたちはもう寝ていただろう。）
［認識的用法・直説法・現在時制完了相・過去時］

(32) は過去時を表しており、単純未来を表す根源的用法のThe children will have gone to bed by the time I come home（私が帰宅する頃には子どもたちは寝てしまっているだろう）などが未来のことを予測するのと対照的です。

◉ 法助動詞のまとめ

以上で見てきたように、法助動詞は単語ごとに用法が異なり、個々の用法ごとに特殊な制約があって煩雑です。しかし煩雑であるがゆえに学習意欲をそそる、それが法助動詞なのかもしれません。学習の一助となるよう、本書で扱った法助動詞の主な用法を表3にまとめました。詳細については本文を参照してください。

表3 主節における法助動詞の用法

	直説法（現在／未来を表す）		直説法（過去を表す）		仮定法(現在／未来を表す)	
	根源	認識	根源	認識	根源	認識
must	○義務	○				
may	○許可	○				
might						○
can	○能力／特性 ○許可	○				
could			○能力／特性		○能力／特性	○
will	○意思　○未来	○				
would			○意思　○未来		○意思　○未来	○

※認識的用法のmay（〜かもしれない）は疑問文で使えない。

※認識的用法のcan（〜かもしれない）は肯定平叙文で使えない。能力／特性を表す根源的用法のcan（〜できる／〜になりうる）はそのような制約を受けない。

第11章　冠詞と前置詞

冠詞と前置詞は外界とのつながりの深い機能語です。冠詞を使うには、話者は談話の流れに注意を払い、聞き手の背景知識を考慮する必要があります。この意味で冠詞は語用論的です(☞6.4)。次に前置詞は種類によって機能が異なりますが、最大のグループを成す空間前置詞は外界での身体経験を呼び起こす力を持っています。本章では11.2以降で前置詞の種類と機能について述べ、前置詞を用いた句動詞についても説明します。

11.1　冠詞の用法

冠詞については「初出はa、2回目からはthe」と説明されることがよくあります。次の例文(1)でも**不定冠詞**と**定冠詞**が使い分けられています。ではなぜ初出はaで、2回目からはtheなのでしょうか。

◉ 特定のaと確定のthe

(1)　I have a cat and a dog. The cat is clever, but the dog is not.

(1)の不定冠詞aは**特定用法**で、catとdogがどの個体を指すか飼い主である話者にはわかっても聞き手には認識できない時に使います。同じく(1)の定冠詞theは**確定用法**で、どの個体を指すか話者と聞き手の双方にわかる時に使います。だから初出はaで、2回目からはtheなのです。

ちなみに確定のtheが付いたthe cat/dogなどを確定記述と呼びますが、この他にmy son/daughter、our teacherなども確定記述になります。これらの表現も、話者と聞き手の双方が唯一的に認識できるはずの個体を指示しているからです。

◉ 唯一性条件

(1)のthe catとthe dogのように同じ名詞句が再出する時には確定用法のtheが使われますが、初出でも確定できればtheを使います。初出で確定できるのは次の場合です。

① 談話の世界で、該当する対象が1つしか存在しない。
② 既出の特定の対象の一部分なのでわかる。
③ 描写によって1つに絞りこめる。

①の談話の世界とは話者と聞き手が共有する環境のことで、文脈によって変異します。世界で唯一のthe sunやthe tallest building in the world、学校で唯一のthe library、家庭で唯一のthe front door等々が①の例です。また、たとえ実物を知らなくても唯一的に確定可能ならtheを使います。だからthe first Martian I meet（最初に出会う火星人）、the population of Japan（日本の人口）などもtheで標示します。

②と③も**唯一性条件**を満たしています。次は②の例です。

(2) My wife was hit by a car last night. The driver was drunk.

この文脈では、第2文のthe driverは前文のa carの運転手だと推論できるため、確定のtheを付けます。次に③では修飾語句を並べて、これだけ描写すれば聞き手にもわかるはずと話者が判断してtheを使います。例えばthe gas station two blocks south of our hotelと言えば、該当する1つのガソリンスタンドを確定できそうです。

◉ 不特定の a

話者自身が対象を特定できない場合もあるでしょう。そんな時にもaを用います。次の(4)に注目してください。

(3)　I have a Mercedes-Benz.
(4)　I want a Mercedes-Benz.

(3)は特定用法、(4)は**不特定用法**です。(4)では、話者はベンツ車が1台ほしいと漠然と思うだけで、どれと決まっているわけではありません。I want to see a unicorn/ Martianなどのaも不特定用法です。こちらは対象が存在しているかどうかもわかりません。

◉ a と the の総称用法

次の(5)～(7)は一般的なことを述べる**総称文**です。

(5)　Books are expensive.
(6)　A child needs plenty of love.
(7)　The tiger is in danger of being extinct.

何かについて一般的に述べるには、通常、(5)のように無冠詞の複数形を用います。all books（あらゆる本）ほど厳密ではなく「本というものは」という感じの使いやすい表現です。(6)のようにそのグループの任意の例を1つ挙げることもできて、その時にはany child（子どもは誰でも）の意味になります。

このように(5)と(6)が個体を念頭に置いているのに対して(7)は種類全体のことを述べています。(8)のように人間を類別してtheを付けることもあります。

(8) Schools should concentrate more on the child and less on exams. (Swan 2005: 59)

この他にthe telephone、the violin、the pianoなど機器や楽器には総称のtheを付けることがよくあります。

◉ 無冠詞の抽象用法

楽器といえば、play the piano、play a piano、play pianoの意味の違いは何かというよくある質問への答えは、各々、総称のthe、不特定のa、**抽象用法**と考えて矛盾はありません。このうち他を大きく引き離して多用されるのはplay the pianoです。個体を意識したplay that piano、play your piano、play any pianoなどもあります。play some pianoもありますが、こちらは抽象的なplay piano（ピアノ演奏をする）の用法で、ちょっと弾いてみるという感じです。

学校ではよくgo to school/ church（通学する/お祈りに行く）とgo to the school/ church（学校/教会の建物に行く）の違いを習いますが、これらは各々、抽象用法と確定用法に相当します。よく言われる「建物の本来の目的で行く時は無冠詞」「場所としての建物に行く時はthe」という説明も使い分けの目安として役に立ちます。go to school by bus（バス通学する）とgo to school on a/ the bus（バスに乗って通学する）では、各々、抽象用法の無冠詞、不特定のa、総称のtheが使われています。

11.2 前置詞の用法

前置詞の意味は文脈からわかることが多く、たとえわからなくても気にしない人が多いかもしれません。しかし実際には、前置詞は現代英語の要です。前置詞をよく知れば、英語はぐんと楽しくなることでしょう。

◉ 副詞的用法の前置詞

前置詞には本来の前置詞としての用法と**副詞的用法**があります。副詞的用法とは、前置詞が名詞を従えず単独で動詞を修飾することで、この時の前置詞を**不変化詞**と呼ぶこともあります。次の例に出るupの他にdown、out、offなどが副詞的用法でよく用いられます。前置詞と不変化詞は同じ単語で意味も同じですが、upとoutには不変化詞だけに見られる特殊な意味もあります。次の(10)と(11)がその例です。

(9)　I get up at six.
(10)　Let's clean up.
(11)　The brakes gave out.（ブレーキが音(ね)をあげた。）

(9)のget upは「体を起こす」という意味で、upは物理的な「上向き」を表します。こちらの意味は前置詞用法のupと同じです。(10)のclean upは「すっかり片づける」「掃除し尽くす」という意味になります。このupは完成を表しており、前置詞用法のupにはこの意味はありません。(11)はブレーキが力を出しきって効かなくなったと言っています。この「～し尽くす」という意味は、前置詞用法のout of（～の外に）にはありません。

このような特殊な意味を除いては、upとoutを含めて前置詞の意味は副詞的用法でも生きています。例えばCome overではoverが人が足を運んでやってくる様子をイメージさせて、単なるComeよりも温かい感じがします。Come on!ではonが人が活動の舞台に上がるようなダイナミズムを伝えます。この「足を運ぶ」「上に立つ」といった意味は前置詞のoverやonにもあります。

以下では前置詞そのものについて説明します。前置詞には、2者の空間的な関係を表す**空間前置詞**、時間的な関係を表す時間前置詞（during、before、after、sinceなど）、抽象的な関係を表すof、for、asなどがあります。このうち、本書では空間前置詞from、to、on、over、at、inを中心に説明し、非空間前置詞ofとforにも言及します。

11.3 空間での「あの感じ」

空間前置詞は、人が体を起こしたり、横になったり、道を歩いたりする時の、体が覚えた「あの感じ」を呼び起こし、英文を活き活きさせる効果があります。これらの身体経験は日本人を含めて人類に共通のことですが、英語はその経験を文法に取りこんだのです。

◉ 起点の from と目標の to

ここからは道を歩く経験を連想させる前置詞を中心に説明します。先に7.1で、英語は「誰かが何かをどうかした」という因果関係を原因から結果まで見通して述べようとする言語であり、それを最も簡潔な形でパターン化したのがSVO文型であると述べました。原因から結果までを見通すのと同じ姿勢で、空間移動の**起点**から**目標**までを見通そうとするのが空間前置詞であり、起点を表すのがfrom、目標を表すのがtoです。ちなみに英語の目標指向性は進行相のところでも観察しました（☞8.2、12.3）。英語は因果や移動や進行など始めと終わりのある直線的な経験に注目する言語であり、その言語圏では直線思考を特徴とする文化が発達しています。このように、言語と文化の間にはニワトリと卵のような相関性があります。

fromとtoはペアでよく用いられます。

(12) When monkeys were moving <u>from</u> tree <u>to</u> tree, early humans were walking in the tall grass. （高橋他 2014: 17）

fromは以前いた場所からの距離感を表し、**toはまっしぐらに目標を目指す感じ**を表します。I went <u>to</u> Hawaii、We gave some fish <u>to</u> themなどでもtoは主語や目的語の行き先を表しています。次の文でも同じです。

(13) You can find the answer <u>to</u> this question in the DVD.

(14)　Wrapping the fish and rice in *kaki* leaves is the key to this sushi.

これらの文でtoは答が問にぴったり合う感じや、柿の葉が寿司を美味しくする秘密の扉の鍵穴にすっと収まる感じを表します。日本語で「質問の答え」「ドアの鍵」と言うので日本人学習者は英訳する時にofを使いがちですが、英語の感覚ではtoまたはforが自然です。

toは一方向性を特徴としているため、双方向性を表すにはwithを使います。

(15)　I'll be happy to agree to your request.
（喜んでご要望に応えます。）

(16)　I agree with you about the price. It's too expensive.
（値段については同感です。高すぎますね。）

(15) では私のほうから相手に合わせることをtoが表しています。(16) は私とあなたがそれぞれに意見を持っていて、それが一致すると言っています。

◉ 道に立つ on

onは道に立った時の地面と接触している感じを表します。

(17)　Don't bother turtles on the beach.

(18)　When the shape of the land was changing, dinosaurs were walking on it.

道と人は大の上に小が乗る関係にあり、(17) もそのような関係を表しています。壁に絵がかかっていたり天井にハエがとまっていたりする情景も、90度または180度回転させればこの関係が成り立つのでa picture on the wall、a fly on the ceilingと言います。

(18) では恐竜が大地を歩いています。onの表す接触は道を歩くという活動の一部であることから、onはダイナミックな感じを伴うことがよくあります。先に述べた副詞的用法のCome onに、活動の舞台に早く上がれと急かすような感じがあるのはこのためです。またon and onが「どんどん進む／やる」という意味になるのも同じ理由からです。

道から外れることはoffで表します。switch on/off the radioを始め、比喩的にThe news turned me on/off（その知らせに興奮した/がっかりした）なども言います。

◉ 足を運ぶover

overは、両足がアーチを作って地面を覆う感じや、そうやって前進する感じを表します。この複合的な動きのうち、地面と接触しているか上方に浮いているかは重要ではなく、むしろ一方が他方を覆う関係やアーチをイメージできる空間関係が重要です。

(19) He jumped over the fence.
(20) They built a bridge over the river.
(21) Their house has a fine view over the lake.

(19) はoverの典型例で、彼がフェンスの上方にアーチを描いて跳び越える動きの全体像をoverが表します。(20) は橋が川の上方にあるという静的な空間関係を描いており、その橋は凹(おう)状の川を覆っています。(21) では話者の視線が家の窓からアーチ状に、つまり凸(とつ)状に湖を覆い、話者が湖を眺めています。ここで(21) のoverをacrossに替えてTheir house has a fine view across the lakeにすると凹凸やアーチが消えて、話者は湖の向こう側の景色を眺めていることになります。acrossは、道を水平に横切ることを表すからです。

◉ 今はここにいるat

atは、いろいろやり過ごして今はここにいることを表します。このことから、atには外の視点、至近距離、活動などの意味が伴います。

(22)　Get off at Shinagawa Station.

(23)　I can't call you when I'm at work.

(22) のatは、いろいろな駅を過ぎて品川の駅に来たらそこで降りなさいと言っており、外の視点、至近距離、活動をすべて表しています。(23) でもatが、私が脇目もふらず仕事に集中している情景を伝えてきます。

look atをlook on、look toと比べると、それぞれの前置詞の意味が見えてきます。

(24)　She's so pretty that everybody looks on her when she passes by in the street.（彼女は可愛くて、通りすがりにみんなが見る。）

(25)　Everybody is looking to me for a speech.
（みんな私がスピーチするのをあてにしている。）

(26)　My wife looked at me curiously.（妻が不思議そうに私を見た。）

(24) でlook onに続くものは地面のような存在です。ふり返って彼女の顔立ちを観察する人々に個人的な感情はなく、地図やページに視線を落とす時と同じ感じです。(25) のlook toに続くのは目標で、ここには一方向性と距離感があります。人々が私のほうを向き、期待を投げかけてきます。(26) のlook atの文では妻が私を至近距離からじっと見ています。その視線には感情がこもっています。lookとの組み合わせではlook atが他の何倍もの頻度で多用されています。

◉ 囲まれているin

道を歩く途中で建物や森に入り込むこともあるでしょう。その時の**四方を囲まれた感じを表すのがin**です。先の (12) をもう一度見てください。

(12)　When monkeys were moving from tree to tree, early humans were walking in the tall grass.

初期の人類は、おそらくは身を隠すために、背の高い草の間を歩いていました。その時のすっぽりと包まれた感じを表すのがinです。背の低い草を踏んで歩いたり草が生えていない地面を歩いたりする時はon the grassやon the fieldです。ちなみに平面を横切る時はwalk across the streetですが、3次元の空間を抜ける時はwalk through the tunnelです。こうして2次元のonとacross、3次元のinとthroughがペアで対比します。

対比と言えば次の例を見てください。

(27) We got in/out of the car.

(28) We got on/off the bus.

車やエレベーターなど3次元的に閉ざされた空間に入ることはin、そこから出ることはout ofで表します。バスや電車は広くてオープンな空間であるため、道の場合と同様にonとoffで表します。ただし閉ざされているかオープンであるかは微妙な事柄で、小さな飛行機に乗る場合はin、大きな飛行機ならonをよく使います。on the streetとin the streetについても、広くてオープンな道にはon、店や建物が周囲にあればinが合います。

もう1つ、inとonが対比する例を見てみましょう。

(29) You look good in pink.

(30) Pink looks good on you.

ピンクの服を着ている時に、体が服に包みこまれていると見ればin、服が体の上に乗っていると見ればonで表します。

◉ 非空間のofとfor

ofは不可分の深いつながりを表します。the bottom of the jar（びんの底）、the history of Japan（日本の歴史）では、びんと底は全体と部分の関係にあり、日本の歴史は日本の**属性**です。次の例でも、訪問と目的、家族とメンバーの不可分性をofが表します。

(31)　The purpose of the trip was to learn about Okinawa history.
(32)　You're a member of the family.

ofの意味がわかると、the people of Brazil（ブラジルの国民）とpeople in Brazil（ブラジルの人々）の違いもわかりますし、This dress is made of silk（このワンピースは絹です）の絹が洋服の属性であるのに対して、This suit is made from an old kimono（このスーツは古い着物から作られたものです）の着物とスーツが別々の物であることもわかります。

最後に、**forは省略されたシナリオを暗示します。**

(33)　a.　She listened to the sound of a train.
　　　b.　She listened for the sound of a train.
(34)　a.　He went to Paris.（彼はパリに行った。）
　　　b.　He left for Paris.（彼はパリに発った。）

(33a) では電車の音が聞こえていますが、(33b) では聞こえておらず、彼女が耳を澄ませています。その心の中で、音が聞こえ電車が到着するというシナリオが展開しています。この現実の音と想像上の音の違いはtoとforの意味の違いによるものです。

(34a) のパリは現実の場所ですが、(34b) のパリは彼の心の中の、彼がパリに到着するというシナリオの一部分です。The bus is bound for Oakland なども同様です。go to、leave for、be bound forはセットで覚えて前置詞は気にしないという人が多いかもしれませんが、同じgoを使ったIf you want the job, go for it! では「希求する」「手に入れたい」という主語の気持ちをforが表します。look for、wait forなどでも同様です。

もう1組、現実のtoと想像のforの例を見てみましょう。

(35) What's your message to young people?
（若者に言いたいことは何ですか？）

(36) Would you leave a message for him?
（彼に伝言を残されますか？）

(35) のto文では発言は一方的で否応なく届きます。(36) のfor文では伝言を受け取って読むかどうかは彼次第で、シナリオの展開は予想どおりに行くとは限りません。この不確かさが (36) に含みのある柔らかいニュアンスを加味しています。

次の例ではどんなシナリオが暗示されているでしょうか。

(37) I've invited them for 6 o'clock.
（彼らに6時に来てくれるよう言ってあります。）

(38) Red is for danger.（赤は危険を表します。）

(37) では招待客が6時に到着するというシナリオをforが暗示します。(38) は赤という色と危険との間に何らかのつながりがあると言っています。赤信号のことかなと解釈するのは聞き手の仕事です。このように想像上のシナリオの一部分だけを示すため、forはいつも漠然として婉曲な感じを伴います。

11.4 句動詞

動詞と前置詞を組み合わせて、そのどちらからも推測することが困難な新たな意味を持たせたものを**句動詞**と呼びます[1]。例えば次の3つを比べてください。

(39) catch up with ~

(40) come up with ~

[1] 何であれ「動詞＋前置詞の副詞的用法」を広く句動詞と呼ぶこともあります。

(41)　put up with ~

(39) は「～に追いつく」、(40) は「～を考え出す」、(41) は「～を我慢する」という意味を表します。この違いをcatch、come、putの意味から予測することはできず、これらの意味は句動詞全体の意味として覚えるしかありません。

別の例では、walk outとgo outは基本的に、各々「歩いて外へ出る」「外へ出る」という似通った意味を表しますが、句動詞として、各々「見捨てる」「交際する」という、全く違う意味を表すことがあります。

(42)　My boyfriend walked out on me.
　（ボーイフレンドに捨てられた。）

(43)　Jane and I are going out.（ジェーンと僕は交際している。）

このように句動詞は単語の知識だけでことが済まない厄介な存在です。しかし、一旦覚えると便利で味わい深いものでもあります。

句動詞の中には動詞の意味を比較的ストレートに反映するものもあります。

(44)　He cracked up.

(45)　He broke down.

(44) と (45) はどちらも人が「壊れた」ことを表す場合がありますが、壊れ方に違いがあり、crack upはガラスが飛び散るように泣いたり叫んだりする悲痛な様子、break downは機械が壊れるように不活発になる様子を表します。ここで前置詞に注目すると、upは「上向き」の他に「完全に～する」という抽象的な意味にも用いられるのに対して、downはあくまでも本来の「下向き」を表すという違いがあります。この違いに即して考えると、(44) は「完全に(up)パチパチ割れた(cracked)」、(45) は「壊れて(broke)崩れ落ちた (down)」と言っていることになります。

しかし文脈によってはcrack up は「爆笑する」という意味にもなります。

また up と down を入れ替えた crack down や break up など、動詞と前置詞の組み合わせはいろいろで、意味も多様です。意味を解釈する時は、文脈をよく見ることが肝心です。

◉ 句動詞の功罪

句動詞は特に口語英語で多用されていますが、その理由としては、①馴染み深い基本的な動詞が使われる、②前置詞がイメージを補足し会話が活き活きする、といったことが考えられます。例を見てみましょう。

(46) Don't let on that I told you.

(47) I was supposed to go to a concert with Bill on Friday, but he stood me up.

(48) I spilt coffee over my boss's skirt yesterday. I'll never live it down.

(46) の let on（つい喋ってしまう）は、他言すべきでないことを唇の上に乗せてしまうという状況をいかにもそれらしく表しています。こういったイメージ豊かな意思疎通は 1 語動詞の leak、reveal、disclose などにはできない業です。

(47) のように stand up（立ち上がる）を他動詞として用いると「すっぽかす」という意味になります。日本語の「すっぽかす」もそうですが、英語の stand up も待ちぼうけを食わせる感じをよく表し、インパクトがあります。句動詞を使わなければ not meet someone you have arranged to meet[2] や、fail to keep an engagement with[3] など、味気無い言い回しになってしまいます。

(48) の live down は過去の失態などを月日が経つにつれて忘れること、風化させることを表します。「昨日、上司のスカートにコーヒーをこぼしてしまった。（この失態は）トラウマになりそう」と言うこの文からは、日々の生活の中で新たな経験を古傷の上に積み重ね、古傷を押さえこむイメージ

---

[2] *Longman Dictionary of Contemporary English, Fifth Edition*
[3] *Webster's New World College Dictionary, Fifth Edition*

が伝わります。他にもhold back（気持ちを抑える、交通などを妨げる）はsuppressやobstructに比べて、感情をぐっと抑える様子や何らかの後ろ向きの力が働く様子をはっきりと伝えます。take it out on ~（~に八つあたりする）に至っては句動詞を使わなければ長々と説明する他ありません[4]。このように、句動詞は平易な動詞でことが足りる上に表現力に優れていて一石二鳥です。

しかし、それならば句動詞は良いことばかりかと言えばそうとも限りません。多くの場合、句動詞はイメージを伝えるのに優れている反面、概念を明確に表すことがありません。次の例を見てください。

(49)　a.　I gave/handed my essay in yesterday.（昨日、作文を提出した。）
　　　b.　Her parents finally gave in and let her go to the party.
　　　　　（彼女の両親がついに折れて、彼女をパーティーに行かせてくれた。）
(50)　a.　Please take off your shoes when you enter the temple.
　　　　　（お寺に入る時は履物を脱いでください。）
　　　b.　The shop assistant took off ten percent because the item was damaged.
　　　　　（店員は、品物に難があったため10パーセント値引きした。）

(49a) のgive inは「（作文を）提出する」、(49b) のgive inは「折れる、負ける」になり、(50a) のtake offは「脱ぐ」、(50b) のtake offは「値引きする」です。つまり句動詞では意味解釈の大部分が文脈に依存します。先の (42) walk out、(43) go out、(46) let on、(47) stand up、(48) live downの例文でも、句動詞自体は明確なことを述べてはいませんでした。

文脈の重要性は次のgive inとgive outの例からも明らかです。give in は

[4] 例えば treat someone badly when you are angry or upset, even though it is not their fault (*Longman*)、make another suffer for one's own anger, irritation, bad temper, etc. (*Webster*) など。

相手の要求に屈するなど精神的な負けや譲歩を表しgive outは力を使い果たした末の負けを言うことから、文脈によってはどちらもgive up（あきらめる、断念する）で言い換えることができます。しかし、次の3つの例文が表す文脈では、どれも入れ換えることができないのです。

(51) a. The government refused to give in to their demands.
(政府は彼らの要求に屈するのを拒んだ。)
b. After two hours her patience gave out.
(2時間経ったところで彼女の忍耐心が尽きた。)
c. I give up. What's the answer?
(降参だ。答えは何？)

このように句動詞は厄介です。しかし興味深くもあるのではないでしょうか。

句動詞は私たち英語学習者にはやや煩雑に思えるかもしれませんが、慣れるにつれて文脈から意味を推測しやすくなりますし、何よりも平易な動詞が耳に優しく響きます。少し長い例でそのことを実感してください。会社で議長が会議を始める時の談話です。

(52) Well, there are a couple of matters which I want to bring up today for discussion. But before we get on to these questions, I just want to run through the schedule for next week's sales conference. I'm sure I don't need to spell out how important it is that we're all thoroughly prepared for next week's conference, so maybe we can deal with that first. (McCarthy & O'Dell 2013: 66)
(え〜、今日は議題が2つあります。ですが本題に入る前に来週の販売会議のスケジュールを見ておきたいと思います。言うまでもないことですが来週の会議には万全の態勢で臨まなければなりません。なのでそちらを先にしましょう。)

ネイティブらしい、こなれた英語です。私たち学習者も句動詞のフレンドリーな感じを味わいながら徐々に慣れていき、自分でもうまく使えるようになりたいものです。

第12章　歴史的に見た現代英語

この最終章では英語の歴史的変化を概観し、変化の過程で生まれた現代英語の文法的特徴について述べます。現代英語の観点から特に興味深いのは13～15世紀です（☞コラム3）。私たちが英文法として習い覚える規則のうち、SVO文型、疑問文や否定文に出る助動詞do、法助動詞、完了相[1]、進行相、前置詞[2]、句動詞、使役構文など代表的なものがこの時代に形を取り始め、その後も発展し続けて現在に至っています。

12.1　歴史的経緯

ブリテン島の歴史は侵略と交流の歴史だったと言っても過言ではありません。その歴史の中でブリテン島の言語である英語は大きく変化してきました。この12.1では世界史が英語に及ぼした様々な影響について述べます。そもそも英語はどのようにして誕生し、その後どのような変遷をたどったのでしょうか。

---

1 完了相は古英語にあった「have/had ＋目的語＋過去分詞」という構文から発達したものです。

2 前置詞は古英語の頃からありましたが、種類も用法も現在とは異なっていました。

◉ インド・ヨーロッパ語族

どんな人にもご先祖さまがあるように、あらゆる言語には祖先にあたる言語があり、これを**祖語**と言います。英語は**インド・ヨーロッパ語族**（印欧語族）という世界最大の語族に属し、紀元前約5000～3000年頃に話されていた**インド・ヨーロッパ祖語**（IE祖語、印欧祖語）から派生しました。祖先を同じくすると考えられる言語にヒンディー語、ペルシア語、ロシア語、ギリシャ語、ラテン語、イタリア語、フランス語、スペイン語、ポルトガル語、等々がありますが、中でも英語と同じ**ゲルマン語派**に属しているのがスウェーデン語、デンマーク語、ノルウェー語、ドイツ語、オランダ語などで、系統的に英語に最も近いのはオランダ語です。ちなみに北欧の言語の中でフィンランド語だけがインド・ヨーロッパ語族でないのが興味を引くところです。

これまでの研究で、IE祖語には、雪、北緯45度以上の密林にのみ見られるシラカバ、ポーランドの東側とウクライナ地方に固有のブナ、アジアの大部分に固有でないミツバチ、北ヨーロッパに生息するサケなどを表す語があることから、この言語の原郷はヨーロッパの中央ないし北部であろうと推測されています。

表1　語彙が示唆するインド・ヨーロッパ祖語の原郷

IE祖語にあったとされる語（例）	snow, cold, winter, summer, spring; oak, beech（ブナ）, birch（カバ）, willow, bear, wolf, beaver, deer, rabbit, ox, horse, sheep, cow, goat, dog, snake, eagle, hawk, owl, salmon, cheese, meed（はちみつ酒）など
IE祖語に無かったとされる語（例）	monkey, elephant, camel, tiger, olive, palm tree, desert, rice, bamboo, wheat, gold, iron, steel, ocean, sea, ship など

（安藤 2002: 1）

◉ 英語の時代区分

英語の歴史は英語の発達や変化に影響を与えた出来事に基づいて次の4つの時代に区分されます。

古英語期： 450 ～ 1100年
中英語期： 1100 ～ 1500年
近代英語期： 1500 ～ 1900年
現代英語期： 1900年以降

西暦449年から1世紀にわたって、アングロ・サクソン人と総称されるアングル人、サクソン人、ジュート人などゲルマン民族の様々な部族がブリテン島に侵入しました。先住民のケルト人と呼ばれるケルト民族はウェールズ、イングランド南西部のコーンウォール地方、北西部のカンブリア地方などに追いやられ、あるいはアングロ・サクソン人の奴隷となってイングランド南東部にとどまりました。彼らのケルト語が英語に影響を与えることはほとんどなく、London、Leeds、Thames（テムズ川）、Avon（エイヴォン川）など少数の地名に残るのみです。

定住したアングロ・サクソン人たちは互いに似通ったゲルマン語を話しており、これをもとに**古英語**ができました。English（英語）はもともと「アングル人の言葉」という意味で、「アングロ・サクソン」は現在でも「イギリス的」とほぼ同じ意味で用いられます。イギリス人の心のルーツがここにあると言えるでしょう。

◉ デーン人との「交流」

その後、8世紀～ 11世紀半ばまで、イングランドはデーン人と呼ばれるゲルマン民族である北欧の海賊（バイキング）の度重なる襲来を受けます。1016年から1042年までデーン人の王クヌートがイングランド全土を支配したこともありました。

ケルト人の場合と違い、アングロ・サクソン人とデーン人は戦い、共存し、日常的な交流を続け、結婚も行われました。この長く深い接触を通して、デーン人の話す古ノルド語からhusband、sister、get、give、angerに相当する語をはじめとして多くの基本的な語が英語に入りました。特に代名詞

they、their、them、接続詞till、thoughなどの文法語[3]までもが古ノルド語からの借用であったという事実はアングロ・サクソン人とデーン人の接触の深さを物語っています。

◉ フランス語の公用語化

その後1066年には**ノルマン人の征服**が起き、ノルマンディー公ウイリアムⅠ世がアングロ・サクソン人の王ハロルドⅡ世を廃して王位に就きました。これは世界史でヘイスティングズの戦いと呼ばれる事件です。ノルマン人もまたゲルマン民族ですが、フランス北西部に定住し言語も生活様式もフランス化していました。ノルマン人の征服は、フランス語が英語に替わってイングランドの公用語になるという英語史上の大事件であり、この後おびただしい数のフランス語が英語に入ることになります（☞コラム3）。現在でも英語の語彙の50％以上がフランス語由来の語です[4]。英語史ではこの1066年を**中英語**の始まりの年としています。

フランス語が公用語になって以来、英語は下層階級だけが話す言語になりました。下層階級の人々は十分な教育を受けられなかったため、標準となる規則や規範が存在しない中で人々は多種多様な方言を話し、発音も綴りも統一されていませんでした。

◉ 英語の復権

しかし1200年以降、フランスとイングランドの関係は悪化の一途をたどり、フランス本土での領地を失ったノルマン人貴族はバラ戦争（1455–1487）の頃には完全にイングランド化して愛国意識を持つようになっていました。そうなると、パリの標準フランス語への敬意は持ち続けても、ノルマンディー地方のフランス語をイングランド人が話すなどということはもはや不自然な

---

3 文法語は機能語と同義で、語彙と対比して文法語、内容語と対比して機能語と呼ぶ傾向があります。

4 一方で、英語本来の語は25％にすぎません。ただし最も基本的な1,000語を見ると、その8割は英語本来の語に由来します。

業に思われてきたのです[5]。

その一方で大飢饉（1315–1317）やペストの流行（1348–1351）で下層階級に死者が多く出たことから労働者不足が生じてその価値が上り、1381年の農民一揆でも労働者の地位が向上しました。商人や職人など中流階級もギルドを結成して地位を向上させました。こういった変化に伴ってこれらの人々が話す英語の地位も上がり、上流階級も彼らと話すために英語を使う場面が増えてきました。

こうして英語は再びイングランドの第1言語になりました。1385年までにすべてのエリート校での教育が英語で行われるようになり、1423年には国会議事録が、1489年にはすべての法令が英語で記録されました。400年余の時を経て英語が復権したのです。英語の時代区分としては、1476年のW.カクストンによる印刷所の開設と1500年～1650年の英国ルネサンスを近代英語の始まりとしています。

◉ 印刷術とルネサンスの相乗効果

印刷術の普及は現代のインターネット革命に匹敵する影響を及ぼし、大衆が容易に情報や知識を入手できるようになりました。またこの頃には英国ルネサンスが始まり、科学、数学、芸術、等々の分野で人々の知識が拡大し意識が向上しました。書き表したいことや翻訳したいことが山のようにありました。国民の識字率は1530年代の20%から1600年代には30%に上がり、ロンドンでは50%に近づく勢いでした[6]。

ルネサンスで獲得した膨大な量の知識を書き留めるために人々は英語に期待を寄せました。それまで下層階級の日常使いの言語であった英語は語彙に乏しく文法も不統一でしたが、ギリシャ語やラテン語から多くの語を借用し、一方では既存の語から新たな語を派生させて語彙を増強しました。人々の英語への関心は高く、日常的に話題に上りました。英語に関する本や文法書が出版され、シェイクスピア（William Shakespeare）の戯曲は言葉遊び

---

5 Kohnen 2014: 74
6 Johnson 2016: 167–169

に溢れていました。

1500年～1700年の間に英語は大きく発展しました。この時期の**初期近代英語**は語彙と文法の両面で現代英語に直結しています。18世紀になると帝国主義政策による植民地の拡大、18世紀半ばからの産業革命、辞書の編纂、アメリカの独立などの出来事があり、この1700年～1900年の英語をそれまでの初期近代英語と区別して**後期近代英語**と呼びます。1900年代には2つの世界大戦があり、**現代英語**の時代が始まりました。

◉ 屈折の消失

ここまでは英語の盛衰の歴史（外面史）を概観しました。ここからは英語の質的な変化（内面史）について述べます。キーワードは「屈折の消失」です。

インド・ヨーロッパ語族に属する言語の最大の言語的特徴は、語形変化によって文法的な意味を表すこと、つまり屈折的なことです。古英語でも名詞と形容詞が性・数・格を、冠詞が数・格を、動詞が時制・法・人称・数を屈折語尾で表していました。

表2　古英語における冠詞・形容詞・名詞の屈折：the silly stone/gift/eye

単数/複数	格	男性	女性	中性
単数	主格（が）	se dola stān	sēo dole giefu	þæt dole ēage
	対格（を）	þone dolan stān	þā dolan giefe	þæt dole ēage
	属格（の）	þæs dolan stānes	þǣre dolan giefe	þæs dolan ēagan
	与格（に）	þǣm dolan stāne	þǣre dolan giefe	þǣm dolan ēagan
複数	主格（が）	þā dolan stānas	þā dolan giefa	þā dolan ēagan
	対格（を）	þā dolan stānas	þā dolan giefa	þā dolan ēagan
	属格（の）	þāra dolra (dolena) stāna	þāra dolra (dolena) giefa	þāra dolra (dolena) ēagena
	与格（に）	þǣm dolum stānum	þǣm dolum giefum	þǣm dolum ēagum

(Johnson 2016: 69[7])

7 本書では誤植を訂正して引用しています。

表2は、古英語における名詞句の屈折の例です。古英語ではthorn（ソーン）と呼ばれる文字þが使われていました。これは現代のthに相当します。ēなど文字の上の横線はこの部分を長母音で発音することを示しています。また現代では対格を目的格、属格を所有格と呼ぶことが多くなっています。

この複雑な屈折は中英語期に単純化し始め、近代英語期には名詞の複数形と所有格-'sを除くすべての屈折が名詞句から消えました。名詞句以外でも、形容詞の比較級-erと最上級-est、動詞の過去時制と過去分詞の-ed、現在分詞と動名詞の-ing、三単現の-sを除くほとんどの屈折が消失しました。

屈折が消失した要因の1つは先に述べたデーン人との接触です。デーン人の言語である古ノルド語は単語の中核部分である語幹が古英語と同じで語尾だけが違うことが多く、語幹だけでも意思疎通ができたことから語尾の単純化が起きたと推測されます。実際に、中英語期になると、北欧人の住み着いた英国北部や中東部から語尾の単純化が始まりました[8]。

第2の要因としては、ゲルマン語派の言語の特徴として強勢が第1音節に来る傾向のあることが挙げられます。通常、強勢の無い部分には関心が向かないため特に母音の発音が曖昧になります。その結果、屈折語尾がschwa（シュワ）と呼ばれる曖昧母音[ə]になったり、あるいは脱落したりします。

第3の要因はノルマン人の征服によって英語が下層階級の言語になったことです。彼らは教育の不足により言語の複雑な規則を使いこなすことができず、その結果、屈折の単純化がいっそう進みました[9]。

屈折の消失は結果として語借用において便利だったに違いありません。当該の語をどの品詞にするか、名詞ならば性は何か、語尾を規則変化させるか不規則変化のグループに入れるかと迷わずに済むからです。実際にフランス語の流入は、ノルマン人の征服から2世紀近くも経った、屈折の単純化がかなり進んだ13世紀以降に急激に加速しました（☞コラム3）。

屈折の消失によって英語は変わりました。文法上の性は生物学上の性で代えられ、数は主に名詞が表し、格は語順が表すようになったのです（☞

[8] 寺澤 2008: 56–57
[9] Johnson 2016: 126–127

7.1)。このうち特に語順の確立は英語史における最大の出来事で、現代英語の骨格を形成したと言えます。

◉ 人称化と他動性

古英語では語順は比較的自由でしたが、中英語期に名詞の格標示が消滅し始め、14 世紀以降に語順が定着するにつれて、文頭に来る名詞は主語、動詞の後に来る名詞は目的語とみなされるようになりました。同時に、人間を主語とする傾向が強くなりました。この現象を**人称化**と言いますが、これについては先に7.1でも発想の基本としてのSVOに関連して述べました。7.1では動詞likeを例に挙げましたが、他にも *It repents me（それが私に悔やまれる）がI repent it（私がそれを悔やむ）に変わり、remember、think、pleaseなども他動詞へと推移しました[10]（アスタリスク「*」は非文の印です)。ただしIt rainsなど天候を表す動詞は現在でも自動詞で、非人称主語itを取ります。

人称化によって他動詞が増え、主語の他動性も強くなりました。他動性とは主語が意識的に目的語に働きかけ、支配し、あるいは状態変化させることを言います。「好ましい」が「好む」になり、「悔やまれる」が「悔やむ」になったことは他動性の強化の例ですし、中英語の後期から他動詞が目的語を2つ従えるSVOO文型が発達したのも他動性の強化の表れです。また、makeが中英語の頃から「make + 目的語 + that節」や「make + 目的語 + to不定詞」の形で使役の意味をもち始め、現代英語ではtoが取れてI made him goなど原形不定詞を従えるようになりました（☞ 12.4)。

他動性の強化は現在も進行中で、例えばI wrote to himなどのtoが取れる傾向にあり、あるいはShe talked me to sleep（彼女は私に語りかけて眠らせてくれた）など、talkを使役動詞として用いることもあります[11]。また、従来SVOO文型では使われなかったexplainがexplain me how/what/that... に

---

10 つまり中英語期以降に与格と対格の区別が消失し、どちらも目的格になりました。

11 中尾・児馬 1990: 103–104

限っては使われるようになっています[12]。

まとめると、人称化によって英語は人間中心になり、語順を利用して他動的な行為を表そうとする言語になりました。この性格は現代英語に引き継がれています。以下ではこのアクティブな性格を反映する現代英語の文法項目からSVO文型、進行相、使役構文を選んで、やや発展的な内容も交えながら解説します。

12.2 SVO文型

SVO文型については先に7.1で典型的なSとOの意味特徴と「SVO ± 1」の体系に焦点を合わせて解説しました。この12.2では別の視点から、現代英語がSVOの形式を強く指向する実態を見ていきます。

◉ 助動詞doの効果

まず助動詞doに注目してください。英語ではDo you play the guitar? — No, I don'tやWhen do you play tennis?など疑問文や否定文でdoを用います。この助動詞用法のdoは15～17世紀に確立したものです。古英語の時代には主語と動詞を倒置して*Play you tennis? に相当する疑問文を作っていました。その後、14世紀以降にSVOの語順が定着し、それを助けるかのように助動詞doの用法が発達したのです。ここに因果関係があったとは言い切れませんが、事実として現代英語では特に疑問文でdoが主語に先立ち、主語の後に動詞が来ることでSVOやSVの語順が保たれます。また、Who plays tennis? など主語を問う疑問文ではこのままでSVOの形が整っていてdoは不要というわけで、理に適っています。be動詞の場合はHow are you?、Who is this boy?などCVSの順になってしまいますが、CとSの順序が入れ替わっても内容的に大きな違いはありません。

例として次の (1a) ～ (1d) の下線部を見てください。どれも通常の語順を示していますが、このうち (1b) と (1c) でdoが使われています。

[12] Taylor 2012: 28–29

(1)　a.　I practice the flute in the music club.
　　　b.　Do you practice the flute in the music club?
　　　c.　Where do you practice?
　　　d.　Who practices the flute?

ほとんどの格標示を失った現代英語では文が通常の語順をとることが望ましく、助動詞doがそれを助けていると言えます。

通常の語順の基本形がSVOであることについては先に7.1で述べたので、この節では、基本形に似せようとする変わり種の構文を6種類見てみましょう。どれも英語の「SVO好き」を示唆する例で、このうち4つでは、する型自動詞（☞7.1）があたかも他動詞であるかのように振る舞います。あとの2つ（同族目的語構文とThere構文）もSVOに似た「X＋動詞＋Y」という形を無理やり実現しています。

◉ 軽動詞構文

SVOの前半にあたるする型SV文はSVOになりたがる傾向にあります。

(2)　a.　Let's walk around the town.（町を歩こうよ。）
　　　b.　Let's have a walk around the town.（町をひと歩きしようよ。）

(2a) はする型自動詞を用いたSV文、(2b) はSVO文です。(2a) の動詞walkを名詞扱いして目的語に見立て、意味の軽い動詞haveに時制を担わせて作ったのが (2b) で、このような形式を**軽動詞構文**と呼びます。軽動詞構文は「ちょっとだけ気の赴くままにやってみる」といった気軽な意味合いを伴うのが特徴で、活動を表す動詞を用いてhave a swim、have/take a look、have a think、give it a tryなどと言います。ただし気の赴くままにということから、軽動詞構文ではfor an hourなど時間を区切ったりto the stationなど目標を明示したりすると非文になってしまいます。

◉ 前置詞省略のSVO

山に登ったり湖を泳いだりすることをSVO文で言うと達成感が強調されます（☞7.1）。

(3) a. He swam across the English Channel. ［SV文型］
b. He swam the English Channel. ［SVO文型］

(3a) と (3b) はどちらも「イギリス海峡を泳いで渡った」と言っており、(3a) ではイギリス海峡という広い場所を泳いでいくプロセスがイメージできます。一方 (3b) は前置詞acrossを省略して強引にSVO文型を作りthe English Channelを目的語に仕立てたため、場所が個体のように小さなものに感じられ、泳ぎきった、相手を征服したという達成感が伝わります。SVO文型は原因と結果を同時に表す構文であるため、(3b) では泳いでいくプロセスは捨象され結果だけが前面に出るのです。

◉ 擬似SVOC

する型自動詞すなわち動作主の行為を表す自動詞は、自分自身や自分の身体部位を**ニセ目的語**に仕立てたSVOC文に現れることがあります。

(4) She laughed her throat sore.（彼女は笑いすぎて喉が痛くなった。）
(5) He ate himself sick.（彼は食べすぎて気分が悪くなった。）
(Goldberg 1995: 192)

(4) で*She laughed her throatなどというSVO文は非文であり、ここはSVOCの形を取らなければなりません。(5) はHe ate himselfという文は可能ですが、それでは意味が違ってきます。

◉ 擬似SVOA

する型自動詞は擬似的なSVOA文を作るという荒技を見せることもあり

ます。次の (6) ～ (8) では各々 off the table、out of his mind、home が副詞的補語 A として機能しています。

(6)　He sneezed the tissue off the table.　(Goldberg 1995: 152)
　　（彼がくしゃみをしたらティッシュがテーブルから吹きとんだ。）

(7)　Alex couldn't sleep her out of his mind.
　　（アレックスは一晩寝ても彼女を忘れることができなかった。）

(8)　I'll walk you home.（家まで送りましょう。）

(6) は英語学の研究で一躍有名になった例文です。ここでは *He sneezed the tissue として目的語のところで文を止めることはできません。(7) も同様です。(8) は I walk my dog every morning などは SVO で言えますが、目的語が人間である場合には home、to school、to the bus stop など目的地を表す副詞句が不可欠です。

◉ 同族目的語構文

自動詞 X が、X と同形の名詞または X を連想させる名詞を目的語に仕立てることがあります。このような目的語を**同族目的語**と呼びます。次の (9) ～ (11) はする型、(12) と (13) はなる型の自動詞を用いた例ですが、どれも SVO を思わせる「名詞＋動詞＋名詞」の形式を実現しています。

(9)　She ran a marathon.（彼女はマラソンをした。）

(10)　Corbett nodded his acceptance.
　　（コルベットは頷いて同意を示した。）

(11)　He laughed a hearty laugh.（彼は心から笑った。）

(12)　She lived a happy life.（彼女は幸せな人生を送った。）

(13)　John died a violent death.（ジョンは激烈な最期を遂げた。）

(9) と (10) では情報価値のある同族目的語が用いられています。(11) ～ (13)

では動詞と同形の同族目的語に情報価値のある形容詞を足すことでこの構文が成立しています。ここで形容詞を足さないと非文になってしまいます。

◉ There構文に見る擬似SVO

There構文にはbe、live、appearなど存在や出現を表す動詞が使われます。これらはなる型自動詞の一種です。先に7.1で見たように、なる型自動詞の主語は本来SVOのOにあたる受動的な意味を持つ要素であり、Vに後続するのが本来の姿です。There構文はこの本来の姿を模倣した擬似的なSVO文型であると言えます。

SVOの形式は、多くの場合、1つの因果関係つまり1つの出来事を言い切ったという充足感をもたらします。例えば次の(14)と(15)はどちらもネズミが台所にいることを表しますが、(14)は何かがこれから起きるような緊張感と話が完結していない感じを伴うのに対して、(15)のThere構文の文は普通に報告が終了した印象を与えます[13]。

(14) A mouse is in the kitchen.
(15) There's a mouse in the kitchen.

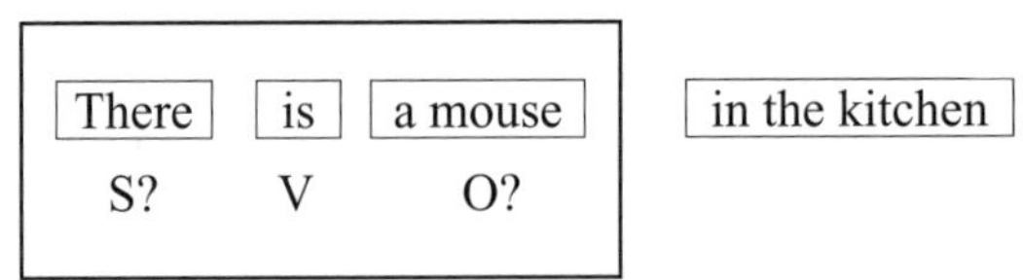

図1 擬似的なSVO文型

12.3 進行形

英語の進行相は13世紀以降の中英語期に新たに発達したものです。世界の言語の観点からは**未完了相**と呼ばれる相に分類されますが、単に未完了では済ませられない独特の意味を持っています。その独特の意味とは終点すな

[13] Hinds 1986: 32–33

わち目標に向かって局面が変わっていく躍動感です（☞8.2）。英語は単純相では表せないこの意味を、**助動詞**を外付けする手間をかけてまでも表すことを選んだのです。

進行相に伴う様々な意味のうち終点に向かうことが進行相の本質的な特徴であることは次のような言語事実からも窺えます。

(16)　I play tennis every Sunday.
(17) * I'm playing tennis every Sunday.
(18)　I'm playing tennis every Sunday this summer.

習慣は (16) のように単純相で表し、(17) のように進行相にするのは誤りです[14]。しかし (18) ではthis summer（この夏は）が習慣に終点を与えるため進行相が許容されます。

例文 (18) の他にはHe's painting a picture、He's swimming to the shoreなどが進行相の典型例です。これらは「1枚の絵を描く」「岸に着く」という明示された終点を持っており、その終点に向かって局面が刻々と変化しているからです。I'm choosing my lunch、Kevin is running to the doorなども典型例です。これらの典型例からは人が意思をもって目標に働きかけるという能動性と他動性が伝わってきます。

しかし使用の実態を見ると、典型例の周辺に様々な進行形があります。次の (19) ～ (22) は英語学でよく取り上げられる例文です。

(19)　He's swimming in the pool.
(20)　John is resembling his father every year.
　　（ジョンは年々父親に似てくる。）
(21)　Sue is being gentle today.（スーは今日おとなしくしている。）
(22)　I'm hearing strange noises these days.
　　（このごろ妙な物音が聞こえる。）

[14] 進行相にすると、すぐに止めてしまいそうな余計なニュアンスが加わります。

(19) はHe's swimming to the shoreなどと違って目標を明言しておらず、そのため単に泳ぐという同じ動作の繰り返しを表す文になっています。しかしここには典型例に準じるダイナミズムがあり、泳ぐという行為はそのうち終了する一時的なことでもあるため進行相が合います。

(20) ～(22) は状態動詞を例外的に進行形にした例です。(20) では年を追ってジョンに変化が見られ、それが局面の変化に類似しているため進行相が容認されます。(21) は意思を働かせて「今日（だけ）はおとなしくしている」ということから進行相が許容されます。言い換えれば、このgentleなど意思で制御できる性質を表す形容詞は進行相にすることで状態を行為に変換することができるのです。他にはbe stupid（愚かである）などもbeing stupidにすることで「愚かなことをしている／言っている」という行為の意味を表すことができます。最後に、(22) はhear（聞こえる）という受動的な感覚を表す動詞をあえて進行相にして「今だけ（のはず）」という一時性を強調しています。

このように何らかの点で典型例に似ていれば進行相が許されますが、すべての例に共通して見られる特徴は臨場感です。特に口語英語では、マクドナルド社のi'm lovin' itが代表するように、今の気持ちや今の状態を直に会話の相手に届けたいという思いから進行相がよく用いられます。

◉ 口語英語の進行形

現代の口語英語は「進行形好き」です。特にthinkやhopeなど「思う」系の動詞は進行相で使われることがよくあります。

(23) I hope my car will be repaired by Friday.

(24) I'm hoping my car will be repaired by Friday.

(23) と (24) は同じ事実を述べていますが、(24) のほうが今か今かと待つ心の躍動感、今の自分の気持ちはこうだと訴える感じをビビッドに表します。週末にドライブに行きたいと思っている話者なら待つ状態がまもなく終わる

ことを意識して (24) の方を言いそうです。

話者はまた「一時的」という進行相の意味を利用して婉曲という語用論的（社会的）な意味を伝えることもできます。例えば車の整備士に「金曜までに修理してもらいたい」という要請の意味で (24) を言う場合には進行相が「今だけの気持ち」という婉曲な感じを伝えます。このような語用論的な意味は場面や人間関係など文脈に依存して成り立ちます（☞ 6.4）。

未来のことを will be -ing で言うこともよくあります。

(25)　It'll snow tomorrow.

(26)　It'll be snowing tomorrow.

(25) と (26) はどちらも「明日は雪が降るだろう」という推測を行う文ですが、(25) が事実だけを述べるのに対して (26) は現に雪が降っている状況へと聞き手を誘導します。(26) は話者が聞き手に「一緒に雪を眺めようよ」「雪が降っているイメージを共有しよう」と呼びかけているようです。これが進行相の臨場感というもので、会話で (26) のような未来の進行形をよく耳にする理由はここにあります。

もう 1 つ、終点を導入すれば習慣でも進行相が容認されることを先に見ましたが、always を用いて習慣を進行相で表すことで「…でイヤだ」「参っちゃうな」といった愚痴っぽい感じを伝えることができます。

(27)　Our teacher is always giving us homework.

(27) は「僕らの先生は宿題ばかり出して参るよ」と読むことができます。always にも進行相にも「参る」「イヤだ」という意味はないのですが、両者を組み合わせた全体が文脈や口調に助けられてこのような独特の意味を表すのです。この点で (27) は慣用句や句動詞に通じます（☞ 11.4）。

12.4 使役構文

歴史の過程で人称化（(☞7.1、12.1）を果たした英語は他動性を強めてきました。その最たる例が**使役構文**です。

使役構文は動作主が別の動作主に何らかの行為をさせるという強い他動性を表します。まず通常のSVO文はこうなります。

(28) Can you help me with my homework?
(29) We can help many foreign people.

ここでは目的語meとmany foreign peopleは主語である動作主に助けられる被動者です。しかし (28) と (29) を書き換えた次の使役構文では目的語の性質が変わります。

(30) Can you help me do tomorrow's homework?
(31) We can help many foreign people get necessary information.

(30) と (31) でmeとmany foreign peopleは、助けられる被動者であるだけではなく、宿題をする、あるいは必要な情報を入手する動作主でもあるのです。

使役構文は「主語＋動詞＋目的語＋動詞（＋目的語)」という形を取ります。形式の点ではI want them to understand my dreamやI'll ask Mr. Tanaka to give me some advice about high schoolなども同じですが、wantやaskは動詞の意味として他動性が低いため、つまり目的語に状態変化をもたらす力はないため、wantやaskを用いた文は使役構文とは呼ばれません。helpの場合も使役性は弱いですが、helpを使った上の (30) (31) や、原形不定詞を省略し前置詞のみを用いた次の (32) などは使役構文と呼ばれています。

(32)　I helped her into the taxi.
　　　（私は彼女がタクシーに乗るのを手助けした。）

help使役の意味は比較的わかりやすいですが、その他の使役構文はどのように使い分けるのでしょうか。以下では基本的なmake、have、get、letを用いた使役構文について述べます。

◉ makeを用いた使役構文

make使役は使役構文の基本形で、強制的に何かをさせたり強く勧めて何かをさせたりすることを表します。

(33)　He always makes me laugh.
(34)　My wife made me go to the doctor.

make使役は広く様々な使役を表し、主語が目的語に強制するのは絶対的に辛いことや嫌なこととは限りません[15]。(33)がその良い例ですし、(34)でも本人が「そのほうが良いな」と納得して医者に行ったのかもしれません。それでも、勧められなければ自ら思い立つことはなかったのです。強制されなければ決してしなかった、いわば新しいことを行わせるという点では使役構文のmakeは単体の他動詞makeの「〜を（新たに）作る」という意味を保持しています。あくまでも嫌々ながら従わざるを得ないことを表すには、forceを用いてI had to force myself to get up this morning（今朝は起きるのがホントに辛かった）などと言います。

◉ haveを用いた使役構文

have使役は仕事上の上下関係や日頃の人間関係から相手が逆らうことが想定されない場合に用います。

---

[15] Wierzbicka 2006: 181

(35) I'll have Harry carry your bags to your room.

(36) The photographer had me take off my sunglasses.

(35) ではホテルの客に対してフロント係が、ボーイのハリーに鞄を運ばせますと言っている情景が思い浮かびます。日常の業務を遂行することをハリーが拒否するのは想定外で、「お鞄はハリーが運びます」という軽い感じです。(36) では「私」はおそらくモデルでしょう。写真家の指示のとおりにサングラスを取ります。このようにhave使役では使役者が被使役者を所有するかのように意のままにできる関係が存在します。

次に原形不定詞の部分に注目してください。速やかに指示に従うhave使役の目的語は被動者というより道具のような役回りで、話者の関心はむしろ、(35) ではyour bags、(36) ではmy sunglassesにあります。鞄が部屋まで運ばれること、サングラスが外されることが重要です。このためhave使役文の原形不定詞の部分には (35) のcarry、(36) のtake offなど 他動詞がよく用いられます。この他動詞の目的語であるyour bags、my sunglassesこそが主語である使役者の関心の的だからです[16]。

このことからhave使役に対応する受動態が存在しない理由もおのずと明らかになります。have使役の目的語は主語の動作の影響を受けて変化する被動者とは呼びがたく、受動態の主語の条件を満たしていないのです。

◉ getを用いた使役構文

get使役は命令できない相手に対してうまく立ち回って相手がその気になることを表します。「(欲しいものを首尾よく) 手に入れる」という動詞getの意味が使役構文でも生きています。

[16] Wierzbicka 2006: 177

(37)　I got my mother to buy me a bike.
　　（母に自転車を買ってもらった。）

(38)　How did you get the washing machine to work?
　　（どうやって洗濯機を動かしたの？）

get 使役にも受動態がありませんが今や理由は明らかです。get 使役の目的語は自らの意思で行為を行う（と本人が思っている）動作主のようなものであって被動者ではないため、受動態の主語の条件を満たしていません。揺すったり叩いたりしているうちに何かの拍子で動き出した洗濯機なども被動者とは呼びがたく、このため get 使役に対応する受動態は存在しないのです。

◉ let を用いた使役構文

let 使役は相手が何かをやりたがっている時に妨害も許可もしないこと、何もせず成り行きに任せることを表します。このような意味を持つ使役構文は英語に独特であり、積極的に許可や命令を行うことを表すドイツ語の lassen 使役とは全く別物です[17]。

(39)　He let the children watch TV.
　　（彼は子どもたちがテレビを見るに任せた。）

(40)　I let the flowers droop.（私は花を萎(しお)れさせてしまった。）

(39) の代わりに He allowed the children to watch TV とすると、はっきりと許可したことになります。また (40) のように、花は水をやらなければ萎れてしまうのに放っておいたということを表すのも let です。

let 使役も受動態になりません。let 使役の目的語もまた被動者ではないからです。

[17] 英語の let とドイツ語の lassen は語源が同じです。

◉ to の有無

ところでmake、have、get、letのうちではgetのみがtoを伴います。これについて「なぜ」と問うのは易しいですが、答えは簡単ではありません。それでもmakeの歴史が参考になります。

OE（古英語）： makeに使役の意味はなかった。
ME（中英語）： 使役動詞として盛んに用いられるようになった。
「make＋目的語＋that節」が多かった。
次いで「make＋目的語＋to不定詞」も増えた。
PE（現代英語）： 常に原形不定詞を取るようになった。

（中尾・児馬 1990: 103）

この歴史からは、make使役において動詞が他動性を強化していることが見えてきます。

makeの歴史から類推するとget使役も将来的にtoを消失するかもしれません。言語は常に変化しており、現にhelpはロングマンの辞書ではhelp somebody (to) do somethingとしてtoを付ける可能性が示唆されていますがウェブスターの辞書ではtoが捨象されています。実際の使用の場面でも先の (30) と (31) が示すようにtoを伴わない例が断然多くなっています。

make使役の受動態でtoが復活するのも謎めいています。

(41) I was made <u>to</u> wait for an hour at the airport.
（空港で1時間待たされた。）

toは不定詞に付く場合も前置詞として用いられる場合も目標に向かうことを表します（☞8.4、11.3）。(41) のtoもこの文の主語が被動者であると同時に（不本意ながらも）意思を持って行動する主体でもあることを表しています。ちなみにこの事実を音声面から見ると、toの存在によって強弱のリズムが規則的に保たれることになって一石二鳥です（☞4.2）。

コラム3

英語の復権が招いたこと

—フランス語の流入と大母音推移—

第 12 章では中英語期に大量のフランス語が英語に入ったことを見ました（☞ 12.1）。ところで、このフランス語の流入はノルマン人の征服から 2 世紀も隔てた 13 世紀以降に集中しています。これはどういうことでしょうか。この 13 世紀という時代は英語が古英語と決別し現代の姿を取り始めた分岐点にあたります。13 世紀以降、（1）フランス語が大量に流入し、（2）発音が変化し、（3）文法が変化し始めました。

これらの変化の原因について明快に説明することはできませんが、（1）と（2）についてはジョンソン（Keith Johnson）が英語の復権と関連づけて説明しています。（1）は 13 世紀半ばから 1500 年までの間に起きており、これは英語が復権した時期と重なります。ジョンソンは、フランス語が大量に英語に入った理由は、それまでフランス語を話していた上流階級の人々が慣れない英語を使うにあたってフランス語を交えて話したからだと言います。フランス語を散りばめた英語は「上流」の響きがあり、英語に入りやすかったことでしょう。

（2）は、13 世紀前半から発音が変化し始め 1400 年から 1700 年には**大母音推移**と呼ばれる体系的な変化が起きたことを指しています。大母音推移の理由としてジョンソンは、英語に「戻ってきた」上流階級の人々が自らの社会的優位性を示すために独特の発音の仕方をし始めたのだと述べています。子音は変えにくいので母音、特に強勢があって目立つ長母音を変えました。始めに調音位置の高い長母音の [iː] と [uː] がそれぞれ二重母音の [aɪ] と [aʊ] に変わり、次いで [iː] と [uː] の空所を埋めるために下方の母音の調音位置が 1 段階ずつ上昇するという連鎖反応が起きました。

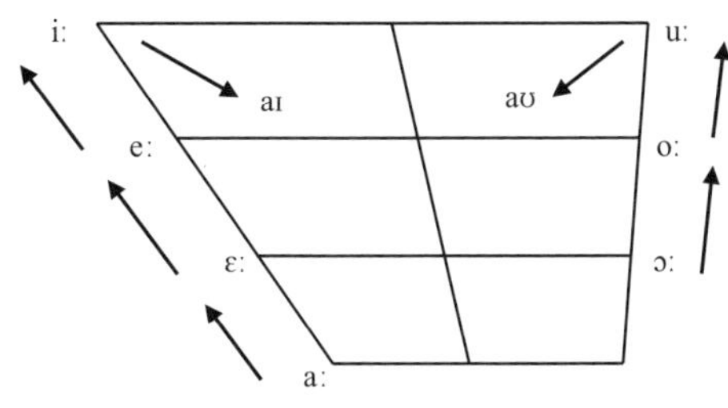

図1　大母音推移

この頃にはすでに印刷術の普及により綴りが定着し始めていたため[1]、綴りと発音が規則的に不一致をきたすことになりました。例えばこんな感じです。

[iː] → [aɪ]　five、knife、nice、wife、child、kind、cry
[uː] → [aʊ]　now、town、mouse、out、pound
[eː] → [iː]　cheese、feet、tree、people、piece
[oː] → [uː]　cool、fool、goose、mood、noon、pool
[ɛː] → [iː]　clean、dream、heat、lead、meal、peace
[ɔː] → [oʊ]　alone、hole、smoke、whole、boat、road
[aː] → [eɪ]　cake、face、game、gate、place、race　(稲木他 2011: 48)

しかし、このような規則的な音変化の知識だけでは説明のつかない場合が多くあり、これが多くの外国人学習者だけでなく幼い英語母語話者にとっても悩みのタネになっています。例えば child は「チャイルド」で chilly は「チリー」、kind は「カインド」で kinship（血縁）は「キンシップ」など、「アイ」と発音するか「イ」と発音するかを綴りから判断するのはやはり困難です。別の例では、enough「イナッフ」と cough「コフ」で [f] と発音される gh が though「ゾウ」や bough「バウ」では黙字になります。ow は town「タウン」では「アウ」で crow「クロウ」では「オウ」、read の現在形は「イー」で過去形は「エ」、kind の k は発音するのに knife の k は発音しない、等々、英語の綴りと発音の不一致はやはり学習者泣かせです。

あまりに学習者泣かせなので、英語の綴りから発音を予測するためのフォニックスと呼ばれる方法が開発されたほどです。フォニックスでは「語末の e を発音しないとき、その前の母音はアルファベットどおりに読む」などの規則性が発見されています。フォニックスの是非については賛否両論ありますが、史実に忠実か否かは別にしてフォニックスのお陰で cake の a は「エイ」、nice の i は「アイ」、smoke の o は「オウ」と読むなど、大母音推移について知らなくてもある程度は予測できます。

最後に（3）の文法の変化については、その時までにかなり進行していた屈折の消失が大きな要因となったことは明らかです。イングランドの第 1 言語として

1　綴りがほぼ完全に現在の形に固定したのはサミュエル・ジョンソン（Samuel Johnson）の辞書が出版された 1755 年以降のことでした。

英語が復権するにあたって、屈折の消失により失われた情報のいくつかを復活させ新たな情報を表現する力を獲得するために、英文法は変わり始めました。現在の形になることが必然だったとは言えませんが、SVO 文型、空間前置詞、進行形、使役構文などに見られるように、以前よりも表現力の点で豊かな言語になったのは確かです（☞ 7.1、11.3、12.2 ～ 12.4）。

世界の英語

3つの同心円

英語は国際語と呼ばれますが、2020年2月に発表された *Ethnologue 23* 版によれば、母語話者数は約3億7,900万人で、中国語、スペイン語に次いで世界で第3位にすぎません。しかし英語を公用語として話す人や外国語として使う人を加えた話者数ではトップです。

表1 世界の言語と話者数

	言語	話者数
第1位	英語	12億6,800万人
第2位	中国語（北京語）	11億2,000万人
第3位	ヒンディー語	6億3,700万人
第4位	スペイン語	5億3,800万人
第5位	フランス語	2億7,700万人
第6位	アラビア語	2億7,400万人
第13位	日本語	1億2,600万人

[*Ethnologue 23*]

イギリスの言語学者クリスタル（David Crystal）は、英語が世界で使われている状況について、アメリカの言語学者カチリュー（Braj Kachru）の次の図を引用して説明しています。

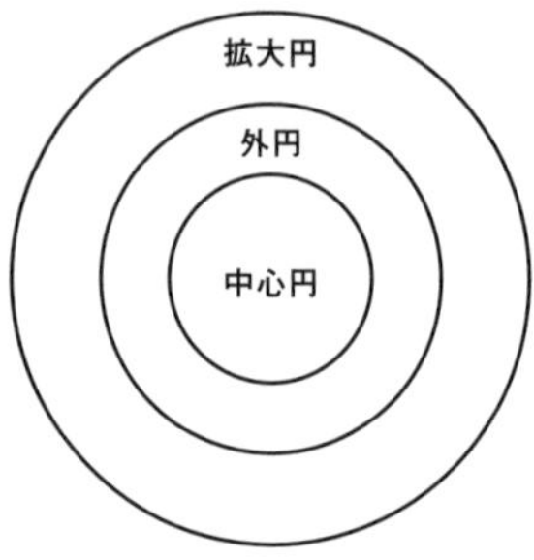

図1 英語話者の3つの層

中心円：母語として用いる地域。イギリス、アメリカ合衆国、カナダ、オーストラリア、ニュージーランド、アイルランドなど。

外　円：公用語として用いる地域。インド、シンガポール、マレーシア、フィリピン、その他アフリカや西インド諸島の旧イギリス領植民地など。

拡大円：外国語として用いる地域。中国、日本、ロシア、インドネシア、ギリシア、ポーランド、ブラジルなど。※拡大円から外円に移行しつつある国が増えています。

黒人英語

母語としての英語は一枚岩でなく、地域によって発音、語彙、文法に違いがあります。その中でもアメリカのAAVE、いわゆる黒人英語は特別の存在です。黒人英語は教育を受けていない下層階級の黒人の話す英語とみなされることが多く、その起源については説が分かれています。例えば、イギリスからアメリカに連れてこられた白人の使用人たちが話していたイギリスの方言がいくつか混合したものであるとする説[1]や、16～17世紀の大航海時代に端を発するとする説があります。

大航海時代を起源とする説では、黒人英語は、イギリスのブリストル、アフリカ西海岸、それと西インド諸島やアメリカ南部のチャールストンなどを結ぶ「（大西洋）三角貿易」と呼ばれる奴隷貿易で、アフリカ西海岸から西インド諸島やアメリカに連れてこられた黒人の間でピジン英語として成立したとされます。

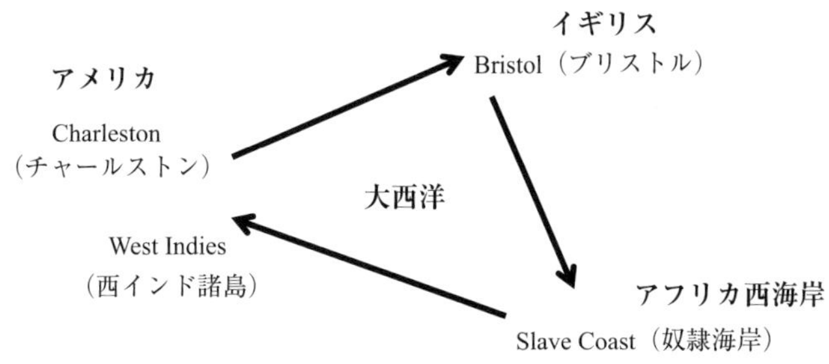

図２　大西洋三角貿易

ピジン語とは、共通の言語をもたない人々の間で意志疎通のために発達した、どの人の母語でもない言語体系を言います。語源的には英語のbusinessの中国語

[1] Wolfram & Thomas 2002: 237

訛りに由来するという説が有力です。ピジン語は語彙も乏しく文法も単純ですが、やがて語彙や表現が充実し日常生活の広い範囲で使われるようになり、それを母語として話す世代が出ると、これをクレオールと呼びます。現在、ピジン・クレオール語は世界に100以上あり、通常はヨーロッパの言語を基にしています。

黒人英語に話を戻すと、その起源がピジン語であることは確定されていませんが、ディラード（J. L. Dillard）によれば、当時の奴隷商人たちは同じ部族で同じ言語を話す黒人が奴隷船の中で結託し反乱を起こすことがないよう離れた地域から奴隷を集め、また、アメリカの奴隷所有者たちも奴隷を買うにあたってその点に留意したという記録が残っています[2]。このような状況では、異なる言語を話す奴隷の間で意思疎通のためにピジン語が発達したと考えて矛盾はないというのがディラードの見解です。

SAEと比べると黒人英語には次のような特徴が見られます。

・二重母音の長母音化：/aɪ/ → [ɑː] island、/ɔɪ/ → [ɔː] boil、/aʊ/ → [ɑː] pound
・語頭の /θ//ð/ がそれぞれ [t][d] に：thin, thing, that, then
・語末の /θ/ が [t] に：month、[f] に：death, tooth
・語中の /ð/ が [v] に：mother
・語末の /d//t//l/ が発音されない：cold → col'　past → pas'　tool → too'
・主格・所有格に目的格を使用：me (my) book
・名詞の所有格の 's の省略：boy (boy's) school
・三単現の 's の省略：He miss (misses) you.
・つなぎの be 動詞の省略：My brother (is) sick.
・否定形として ain't を使用：I ain't go there.
・多重否定の使用：He ain't give me no food.

このように黒人英語では様々な単純化が起きています。一般的に異種の言語が出合うと単純化が起きる傾向があり、英語自体もデーン人やノルマン人との接触をとおして単純になってきたという歴史があります（☞ 12.1）。しかし時には逆の現象も起きて、例えば黒人英語には原形の be を入れることで恒常的な性質を表すという特徴があり、これは複雑化の例になります。これにより He working が「彼は

[2] Dillard 1992: 60–61

今忙しい」という意味であるのに対して、He be working は「彼は定職がある」ということを表します[3]。

シングリッシュ

英語を公用語とする国では、母語の影響を受けた独特の英語がよく使われます。シンガポールのシングリッシュ（Singlish）、これとよく似たマレーシアのマングリッシュ（Manglish）、フィリピンのタガログ語の影響を受けたタグリッシュ（Taglish）、インドのヒングリッシュ（Hinglish）などがその例で、こういった英語を「世界諸英語」（World Englishes）と総称することもあります。

シングリッシュの場合を見ると、まず、アジアの言語によく見られる発音の特徴として、英語のように文強勢と文強勢の間隔を同じにすることがなく（☞4.1）、代わりに１つずつの音節を同じ時間の長さにします。これは日本語にも見られるリズムです。

シングリッシュの特徴をまとめるとこうなります[4]。

・１つずつの音節を同じ時間の長さにして発音する。
・アクセントの数や位置が異なる：cé-le-brá-tion、charácter
・母音が短い：/siː/ → [si] sea、
・二重母音が長母音になる：/eɪ/ → [ɛː] face、/oʊ/ → [ɔː] goat
・曖昧母音はほとんど使用しない：/ə/ → [a]/[æ] available、familiar
・語末の閉鎖音が声門閉鎖音になる：car park → [カーパーッ]
・子音が重なる場合は最初の子音のみ発音する：campus → cam、ask → as、told → tol
・母音の前では、/θ/, /ð/ が各々 [t], [d] になる：think → tink、then → den
・語末で音が変化する：believe → belief、breath → bref、breathe → breaf
・語末や文末に lah または la をつけ加える。
・付加疑問文に is it? を使う：You are from Japan, is it?
・can を多用する：You speak English, can or cannot?—Can/Can-can// Cannot/No can.
・主語や be 動詞を省略する：Don't shy. Your teaching not so good.
・疑問文に述語で答える：Is he angry with me?—Angry// Do you have Tiger beer?—Have// Can you speak English?—Can, can.

---

3 McCrum, Cran, & MacNeil 1986: 212
4 田中春美・田中幸子 2012: 126–127

・強調のため単語を反復する：Yes, I can. → Can, can, la、Hello → Hello, hello.

全体として舌足らずで親しみ深い印象を与えるのではないでしょうか。特に文末の la(h) は日本語の終助詞「ね」「よ」「んだ」などを連想させます。生徒が la(h) ばかり使うので学校の先生が「今度 la(h) と言ったら先生は授業をやめて教室を出てしまいますからね」と注意したにもかかわらず、生徒が相変わらず la、lah と言うので教師が本当に出ていってしまったところ、それを見た生徒たちが Teacher crazy, lah と言ったという笑い話があります。

参考文献

著書・論文

安藤貞雄 2002『英語史入門―現代英語のルーツを探る―』開拓社

安藤貞雄 2005/2007『現代英文法講義』開拓社

稲木昭子・堀田知子・沖田知子 2002/2011『新 英語エイゴ英語学』松柏社

イェスペルセン、オットー（著）安藤貞雄（訳）2006『文法の原理（上）』岩波文庫（原典 Jespersen, Otto. 1924. *The Philosophy of Grammar.*）

中尾俊夫・児馬修（編著）1990『歴史的にさぐる現代の英文法』大修館書店

ラネカー、ロナルド・W（著）山梨正明（監訳）2011『認知文法論序説』研究社（原典 Langacker, Ronald W. 2008. *Cognitive Grammar: A Basic Introduction.*）

宗宮喜代子・石井康毅・鈴木梓・大谷直輝 2007/2015『道を歩けば前置詞がわかる』くろしお出版

宗宮喜代子 2012『文化の観点から見た文法の日英対照』ひつじ書房

宗宮喜代子 2013「英語における副詞の生起位置に関する考察―文法と情報構造の観点から―」*Random, No.34* 東京外国語大学大学院 英語英文学研究会，1-17（転載 『英語学論説資料』第 47 号（書籍版・CD-ROM 版）論説資料保存会）

宗宮喜代子 2015a「前置詞の使い分け」『英語教育 10 月号』大修館書店，22-23

宗宮喜代子 2015b『やっぱり英語はおもしろい』くろしお出版

宗宮喜代子 2018「現代英語に見るジョン・ロックの影響」岐阜聖徳学園大学外国語学部（編）『リベラル・アーツの挑戦』彩流社，119-145

宗宮喜代子・糸川健・野元裕樹 2018『英語の「時制」がよくわかる英文法談義』大修館書店

鈴木孝夫 1973/2006『ことばと文化』岩波書店

竹林滋 1996『英語音声学』研究社

竹林滋・清水あつ子・斎藤弘子 2013『改訂新版 初級英語音声学』大修館書店

田中春美・田中幸子（編）2012『World Englishes―世界の英語への招待―』昭和堂

寺澤盾 2008『英語の歴史―過去から未来への物語―』中央公論新社

Berk, Lynn M. 1999. *English Syntax: From Word to Discourse.* New York: Oxford University Press.

Crystal, David. 1997/2012. *English as a Global Language.* Cambridge: Cambridge University Press.

Dillard, Joey Lee. 1992/1993. *American English*. London: Longman.

Dixon, R. M. W. 2005. *A Semantic Approach to English Grammar.* Oxford: Oxford University Press.

Goldberg, Adele E. 1995. *Constructions: A Construction Grammar Approach to Argument Structure*. Chicago: The University of Chicago Press.

Hinds, John. 1986『*Situation vs. Person Focus:* 日本語らしさと英語らしさ』くろしお出版

Jakobson, Roman. [1941]/1968. *Child Language, Aphasia, and Phonological Universals.* The Hague: Mouton.

Johnson, Keith. 2016. *The History of Early English*. London: Routledge.

Kohnen, Thomas. 2014. *Introduction to the History of English*. Oxford: Peter Lang.

Lyons, John. 1977. *Semantics: 2*. Cambridge: Cambridge University Press.

McCarthy, Michael & Felicity O'Dell. 2004/2013. *English Phrasal Verbs in Use: Intermediate*. Cambridge/New York: Cambridge University Press.

McCrum, Robert, William Cran, & Robert MacNeil. 1986. *The Story of English*. New York: Penguin Books.

Quirk, Randolph, Sydney Greenbaum, Geoffrey Leech, & Jan Svartvik. 1985. *A Comprehensive Grammar of the English Language.* London: Longman.

Sacks, H., E. A. Schegloff, & G. Jefferson. 1974. A simplest systematics for the organization of turn-taking for conversation. *Language, 50*, 696-735.

Swan, Michael. 2005. *Practical English Usage*. Oxford: Oxford University Press.

Taylor, John. 2012. *The Mental Corpus: How Language is Represented in the Mind.* Oxford: Oxford University Press.

Tsujimura, Natsuko. 1996. *An Introduction to Japanese Linguistics.* Oxford: Basil Blackwell.

Wierzbicka, Anna. 1988. *The Semantics of Grammar.* Amsterdam: John Benjamins.

Wierzbicka, Anna. 2006. *English: Meaning and Culture.* Oxford: Oxford University Press.

Wolfram, Walt, & Erik R. Thomas. 2002. *The Development of African American English.* Malden/Oxford: Basil Blackwell.

辞典

『英語語源辞典』寺澤芳雄（編）1997 研究社

Longman Dictionary of Contemporary English, Fifth Edition DVD-ROM. 2010. Harlow, Essex: Pearson Education.

Oxford English Dictionary, Second Edition CD-ROM Version 4.0. 2009. Oxford: Oxford University Press.

Webster's New World College Dictionary, Fifth Edition. 2018. New York: Houghton Mifflin Harcourt Publishing Company.

文学作品

Carroll, Lewis. [1865/1871]/1970. Alice's Adventures in Wonderland and Through the

Looking Glass. In Martin Gardner (ed.) *The Annotated Alice*. New York: Penguin Books.

教材

高橋貞雄他 2012/2014 *New Crown English Series 2* 三省堂
Bennett, Andrew E. 2015. *Reading Pass 3, Second Edition*. 南雲堂

※参考文献中の [ ] は、初版の出版形態や出版社が参照版と異なることを示します。

索　引

A-Z

あ

い

え

お

か

こ

さ

し

す

せ

そ

た

ち

て

と

み

む

め

も

ゆ

よ

り

れ

わ

長尾純（ながお じゅん）：Part I担当
岐阜聖徳学園大学外国語学部准教授
宮城県出身。東北学院大学文学部英文学科卒業。ボール州立大学大学院修了(Master of Arts、Doctor of Philosophy)。著書に『ことばのプリズム』(彩流社)など。

宗宮喜代子（そうみや きよこ）：Part II・コラム1～4担当
東京外国語大学名誉教授・岐阜聖徳学園大学名誉教授
岐阜県出身。東京外国語大学外国語学部英米語学科卒業。オハイオ州立大学大学院修了(Master of Arts)。東京外国語大学大学院修了(文学修士)。著書に『動詞の「時制」がよくわかる英文法談義』(大修館書店)など。

伊佐地恒久（いさじ つねひさ）：監修
岐阜聖徳学園大学外国語学部教授
岐阜県出身。南山大学文学部教育学科卒業。筑波大学大学院修了(教育学修士)。著書に『高校英語授業を知的にしたい！』(研究社)など。

英語教師がおさえておきたい
音声・文法の基本
– 現代英語学入門 –

初版第1刷 ———2021年12月24日

著　者————長尾 純・宗宮 喜代子
監　修————伊佐地 恒久

発行人————岡野秀夫
発行所————株式会社 くろしお出版
〒102-0084　東京都千代田区二番町4-3
［電話］03-6261-2867　［WEB］www.9640.jp

印刷・製本　シナノ書籍印刷　　装　丁　仁井谷伴子

Printed in Japan
ISBN978-4-87424-861-4 C1082